정신분석 아카데미 시리즈 8

사라짐의 의미

소설 <나를 찾아줘> :
에이미를 찾아 떠난 정신분석 여행

김 명 훈 지음

정신분석 아카데미 시리즈 8

정신분석 아카데미 시리즈는 정신분석학 분야의 우수한 논문들을 단행본으로 출간함으로써 한국의 정신분석학의 발전에 기여하는 것을 목적으로 하고 있으며, 이 시리즈의 책들의 판매에서 발생하는 수익금은 전액 한신대학교 정신분석대학원 장학기금으로 사용되고 있습니다. 이 시리즈에 포함될 논문은 한신대학교 정신분석대학원 논문심사위원회에서 선정합니다.

사라짐의 의미

소설 <나를 찾아줘> :
에이미를 찾아 떠난 정신분석 여행

목 차

I. 서론

1. 연구 동기 및 목적

> 우리는 살아남기 위해 우리 자신을 사라지게 하는 데 전문가가 된다. 이것을 알아차리지 못하고, 그것이 어느 정도인지를 알지 못한다면, 우리는 자신의 인생에 대해 완전한 진실을 알지 못하고 있는 것이다.
>
> -Michael Eigen [1)]

프로이트Sigmund Freud가 빌헬름 옌젠의 소설 『그라디바』를 분석하고 그 속에 담긴 상징적 의미와 치료 기법에 대한 놀라운 통찰을 소개한 이래로 많은 정신분석가들이 다양한 방식으로 예술과 문학 작품을 분석해 오고 있다.[2)] 이는 작가들이 사용하는 여러 가지 상징적인 표현들과 서술 기법들이 의식적으로는 들여다 볼 수 없던, 그래서 정신분석가의 도움을 받거나 꿈으로 꿀 수밖에 없던 무의식적 세계의 소망들과 인간이 가진 고유한 본성을 예리하게 꿰뚫고 있기 때문에 가능했던 일이다. 따라서 문학 작품을 분석하는 일은 단순히 허구적 사실 혹은 인물을 이해하는 것에서 그치지 않고, 우리의 **정신 내적 현**

실intrapsychic reality에 다가서는 일이라 할 수 있다. 때문에 문학 작품을 분석할 때에는 단순히 표면으로 드러난 사건들뿐만 아니라, 정신분석에서 그런 것처럼, 사소해 보이는 행동들과 상징적인 표현들을 통해 주인공이 의사소통 하려는 것을 주의 깊게 관찰할 필요가 있다.

그렇다면 본 연구에서 살펴보려고 하는 것처럼, 누군가가, 그것도 아주 멀쩡하고 정상적으로 보이던 사람이 어느 날 갑자기 소리 소문도 없이 사라져버린 것을 우리는 어떻게 이해해야 할까? 여기에서 다뤄보려고 하는 소설 『나를 찾아줘 (원제: Gone Girl)』에는 스스로 **사라짐**을 통해 많은 사람들, 특히 자신의 배우자를 혼란과 곤경에 빠트리는 주인공 에이미가 등장한다. 그녀는 하버드 출신의 매력적이고 똑똑한 여성으로, 이미 어려서부터 그녀의 부모가 에이미의 성장기를 다룬 어메이징 에이미라는 시리즈물을 발간하면서 많은 아이들의 사랑을 받았으며, 그들의 부러움과 동경의 대상이 되어 왔다. 그녀는 남편인 닉과의 결혼 5주년 기념일이 되던 날, 마치 납치당한 듯한 흔적과 함께 사라진다. 그러나 그런 사라짐 뒤에는 남편인 닉을 임신한 아내를 살해하고 사건을 위장하려고 한 사이코패스로 만들려는 에이미의 치밀한 계획이 숨어 있었다. 그리고 얼마 후 그녀는 끔찍한 살인과 함께 닉의 앞에 다시 나타난다. 소설 『나를 찾아줘』와 이후 미국의 유명 영화감독인 데이비드 핀처David Fincher에 의해 만들어진 동일 제목의 영화를 본 사람이라면, 이를 보며 에이미의 사이코패스적인 잔인함과 천재성에 대해 놀라움과 경악을 금치 못할 것이다. 동시에 에이미에게 공감하는 이들은 그녀로 인해 많은 사람들이 곤란에 빠진 모습을 보며 통쾌함과 묘한 안도감을 느낄지도 모른다.

에이미가 왜 이런 일들을 벌였을까를 생각해볼 때, 가장 먼저는 표면으로 드러난 이유들에 주목할 수 있다. 에이미가 이런 일을 꾸미기 전에는 경기 불황과 그로 인한 닉과 에이미의 실직, 에이미 부모의 커다란 재산 손실, 닉의 어머니가 유방암에 걸리면서 어려서부터 자라온 뉴욕을 떠나 남편 닉의 고향인 미주리의 작은 시골로 가야했던 일, 그 후에 닉이 어린 제자와 벌인 불륜 등 누구라도 견디기 힘들 큼직한 사건들이 있었다. 한편, 연구자는 소설을 읽으면서 이런 사건이 크게 불거지기 전부터 에이미가 자라오는 과정에서 비슷한 패턴의 행동이 재연되어 왔음에 주목하였다. 예컨대, 가장 대표적인 것으로 그녀의 가장 친밀하고 중요한 인물이 그녀를 실망시켰을 때 왜 화를 내거나 현실적인 조치를 하지 않고, 상대방에게 교묘하고 끔찍한 방식으로 **벌**을 내리는가 하는 것이었다. 따라서 **사라짐**으로 대변되는 에이미의 알 수 없는 생각과 행동들을 환경적인 조건들만으로 설명하기에는 왠지 부족하다고 생각했고, 그 이면에 자리한 에이미의 내적 역동에 대해 궁금하게 되었다.

사라짐이라는 표현은 주어가 빠지거나 어떤 맥락 속에 들어가지 않을 때 그 의미가 모호해지고 추상적이 되기 쉽다. 마찬가지로 소설의 제목인 "**나를 찾아줘**"는 독자로 하여금 주인공이 실제로 자신을 찾아 달라는 것을 말하는 것인지, 잃어버린 자신의 정체성을 알게 해달라고 말하는 것인지 생각하게 하며, 원제인 "Gone Girl"은 주인공이 사라진 것을 의미하는 것인지, 혹은 미쳐버린 것을 말하고자 한 것인지 여러 가지로 생각할 거리들을 던져준다. 객관화와 일반화가 어렵고, 상징과 은유가 중요한 마음의 기제를 설명하기 위해서는 이러한 언어적 중의성을 그대로 안고 가는 것이 어떤 면에서는 유리할 수 있다. 일반 심리학과 다르게 정신분석학의 이론가들이 마음의 작동 방식에 대해 설명하기 위해 초-심리학적meta-psychological 방식을 선택하고, 각자의 문학적이고 다소 추상적인 언어를 사용한 이유—실제로 그것이 오래도록 유용하게 사용되어 온 것처럼—도 이와 관련이 있을 것이다.

본 연구에서는 에이미의 **사라짐**을 이해하기 위해 정신분석 이론을 통해 접근해보려고 한다. 이를 위해 먼저 **사라짐**이 의미하는 것에 대한 간략한 정의를 내려 보면 다음과 같다:

1) 자신의 기대와 필요를 충족시키기 위해 대상을 조종하려는 무의식적 의도를 가지고 수동적인 형태로 공격성이 표현된 것.
2) 초기 유아 시절에 겪은 외상적인 양육 과정에서 다뤄지지 않은 강렬한 충동을 다루고 여기에서 살아남기 위해 에이미가 발달시킨 왜곡된 적응 방식이 재연된 것.
3) 좌절 상황에서 발생하는 원초적인 공격성으로 인해 대

상을 파괴하려는 본능과 동시에 대상을 보호하려는 두 마음 사이에서 일종의 타협을 이룬 것.

4) 취약한 자신의 정체성과 존재감을 확인 받는 하나의 방식으로서 작용한 것. 이러한 분류는 완전히 구분되지 않으며, 서로 연결되어 있다.

멜라니 클라인Melanie Klein은 프로이트의 추종자였지만, 프로이트가 가정했던 초자아가 발생하는 오이디푸스 시기와 무의식적 환상의 시기를 그보다 훨씬 앞당긴 생의 초기로 가져왔다. 이를 통해 클라인은 프로이트가 전이의 문제로 치료의 대상이 될 수 없다고 생각했던 정신분열증과 같은 정신증 환자의 치료를 가능한 것으로 만들었고, 언어가 서투른 아동들과 놀이를 통해 그들의 상징 세계에 접근함으로써 처음으로 아동 정신분석 치료의 길을 열었다. 그녀에 따르면, 아동과 성인의 현실에서의 삶과 관계는 생의 초기에 어머니와의 관계에서 형성한 상징 체계에 그 기반을 둔다. 이는 유아가 생의 초기에 본래적으로 지니고 태어나는 유아기 가학성과 그에 따른 불안의 문제와 관련되며, 이런 공격적 가학성에 대해 어머니가 보복하지 않거나, 그것을 견뎌주고 달래줄 수 있을 때, 공격성은 통합되고 자기주장self-assertion과 현실 세계에 대한 관심으로 발달할 수 있다.

만일 어떤 이유로[3], 초기의 가학성을 다룰 기회를 박탈당한다면 유아의 내면은 기괴한 환상적 대상들bizarre objects [4] 로 가득 차게 되고, 유아는 생존을 위해 정신의 일부분을 외부에 존재하는 것으로 분열시켜야 할 수도 있다. 이에 본 연구에서는 에이미의 **사라짐**이 분열된 채 원시적인 상태로 남아있던 그녀의 가혹한 인격과의 결탁 혹은 접촉에 의해 발생된 것으로 보고자 한다. 본 연구를 통해 서두에 인용한 마이클 아이건Michael Eigen의 말처럼 살아남기 위해 사라지려는 우리의 경향성을 이해하는데 도움이 되길 바란다. 나아가서는 분석 상황에서 나타나는 내담자의 여러 가지 **사라짐** 현상과 이를 통해 내담자가 의사소통 하려는 것을 분석가가 이해하는데 도움이 되기를 바란다.

2. 연구 방법

본 연구는 크게 문헌 연구와 소설 분석, 그리고 논의의 세 개의 파트로 구분한다. 문헌 연구에서는 에이미의 **사라짐**과 관련된 내적 역동과 외부적으로 드러난 상징들을 이해하기 위하여 멜라니 클라인의 이론을 참고하며, 존재감과 정체성에 대한 이해를 위해 도날드 위니캇의 이론을 참고한다. 또한, 클라인의 이론에서 나온 **조숙한 자아 발달** 개념을 깊이 이해하고 이를 임상적 이해로 확장시킨 쥬디스 미트라니Judith Mitrani의 논문을 참조한다. 마지막으로, 에이미에게서 두드러지게 관찰할 수 있는 자기애적 인격 특성을 이해하고, 소설의 후반에 발생한 살인 행동에 대해 이해하기 위해 나르시시즘과 공격성을 다룬 관련 문헌들을 참고한다.

소설 분석 파트에서는 내러티브 분석의 형태를 취하며, 소설 『나를 찾아줘』를 참고하여 전체적인 줄거리를 파악한 뒤, 몇 가지 부분으로 나누어 분석 한다. 먼저는, 출생 배경과 성장 과정이 에이미의 **사라짐**에 어떤 영향을 끼쳤는지 분석한다. 둘째, 성장 과정에서 재연되어온 에이미의 행동 패턴과 **사라짐**에는 에이미의 어떤 성격적 특성이 작동하였는지 분석한다. 셋째, 본 사건 과정에서 드러난 여러 가지 단서들이 상징하는 것과 **사라짐**을 통해 에이미가 전달하려는 메시지는 무엇이었을지 살펴본다.

마지막으로 논의 부분에서는 연구의 모든 과정을 **사라짐**으로 집약하며, 생존을 위해 사라지려는 우리의 경향성과 에이미의 **사라짐** 사이의 일반적인 관련성에 대하여 논의한다.

3. 연구 문제

첫째, 에이미의 외상적인 출생과 성장 배경은 그녀의 **사라짐**에 어떤 영향을 끼쳤는가?

둘째, 에이미의 **사라짐**과 이전에 재연되어온 여러 사건들 사이에 공통적이고 핵심이 되는 요인은 무엇인가?

셋째, 에이미가 사라지고, 살인을 저지르고, 다시 돌아온 데는 어떤 내적 역동이 있었으며, 그것이 의미하는 것은 무엇인가?

Ⅱ. 문헌연구

1. 멜라니 클라인의 이론

1) 죽음 욕동과 무의식적 환상

프로이트는 모든 본능은 근원과 목적, 대상을 갖는다고 하였다.[5] 그에 따르면, 본능의 근원은 성욕이 일어나는 곳으로서 항상 신체의 한 부분이며, 성적 긴장의 방출에 그 목적을 둔다. 이때, 대상은 성적 만족을 제공하기에 적합한 대상을 의미하며 초기 양육자와 관련된다. 프로이트는 유아가 그러한 본능의 좌절에 대한 특정한 의식적 보상으로 환상을 만들어낸다고 하였다. 즉, 유아가 대상으로부터 직접적으로 만족을 얻을 수 없을 때 환상을 통해 만족을 얻는다는 것이다. 그는 이때의 환상에 대해 다음과 같이 말한다.

> 현실 원칙의 도입과 더불어 사고 활동의 한 부류가 떨어져 나가면서 현실성 검사에서 벗어나게 되고 오로지 쾌락 원칙만을 추구하게 된다. 이 사고 활동이 바로 어린아이들의 유희에서 시작되어 나중에는 백일몽으로 계속되다가 현실 대상에 대한 의존을 포기하게 만드는 **환상**이다.[6]

즉, 프로이트는 유아가 현실 원칙이 적용되는 실제 대상을 인식함에 따라 그것에 대한 방어로서 쾌락 원칙에만 머무르려는 시도에서 보상적으로 나타나는 것이 환상이라 말하는 것이다.

그러나 훗날 프로이트는 「쾌락 원칙을 넘어서(1920)」에서 아동이 고통스러운 놀이를 강박적으로 반복하는 것과 전이에서 나타나는 부정적 관계의 재연, 그리고 전쟁을 겪은 병사가 외상적인 내용을 반복해서 꿈꾸고 그에 대한 생각을 강박적으로 회상하는 반복 현상을 관찰하면서 여기에 쾌락 원칙이 적용되지 않는 또 다른 욕동이 존재한다고 생각하였다. 그것은 **죽음 욕동**으로 이름 붙여졌으며, 이는 주체가 고통이 존재하는 삶의 방향과는 반대로 고통 없는 **무**無의 상태로 돌아가려는 욕동이다. 처음에 그는 이런 반복강박을 주체가 통제할 수 없는 고통스러운 상황을 수동적인 상태로부터 능동적으로 다루고 숙달하려는 시도로 보려고 했다. 그러나 그는 아동과 성인의 삶에서 하는 많은 반복적인 일들이 대부분 **쾌락 원칙의 존재와 지배를 전제**로 하고 있으며, 그가 설명하려는 **쾌락 원칙을 '넘어서는' 경향, 즉 이 원칙보다 더 원시적이고 독립되어 있는 어떤 경향**[7] 혹은 환자가 사로잡혀있는 **어떤 '악마적인' 힘**[8] **에 대해서 아무런 증거를 제공해 주지 못한다**는 이유로 이 가설을 포기하고, 죽음 욕동의 존재를 가정하였다.[9]

클라인은 프로이트의 죽음 욕동 개념을 받아들였고, 이런 죽음을 향하는 경향성이 유아 생애의 초기부터 존재한다고 보았다. 클라인은 삶의 욕동보다는 죽음 욕동이 선행하는 것으로 가정하였는데, 이는 유아가 어머니의 자궁을 떠나 세상으로 나오는 순간 가장 먼저 마주하는 것이 유아가 감당하기 어려운 온갖 강렬한 자극이라고 보았기 때문이었다. 유아가 자궁을 떠나오면서 경험하는 피부의 추위와 더 이상 탯줄로부터 양분이 공급되지 않기 때문에 느껴야 하는 배고픔, 그리고 자신이 내지르는 비명조차도 갓 태어난 유아가 감당하기에는 너무나 강렬한 자극이다.

> 분석 작업은 태어난 지 몇 개월 된 유아가 확실히 환상을 만들어내는데 빠져든다는 것을 보여주었다. 나는 이것이 가장 원초적인 정신 활동이며, 거의 태어날 때부터 유아의 마음속에 환상이 존재한다고 믿는다. 유아가 받는 모든 자극들은 즉각적으로 환상을 통해 반응되는 것으로 보이는데, 작은 좌절을 포함한 불쾌한 자극은 공격적인 종류의 환상들에 의해, 만족스러운 자극은 즐거운 종류의 환상들로 반응되는 것으로 보인다. [10]

이에 따라 프로이트의 시기에 오이디푸스 콤플렉스와 관련하여 현실 감각이 부족하거나 신경증적 질병의 지표로 여겨졌던 무의식적 환상 개념은 클라인에 와서 **모든 개인에게 편재**ubiquitous**해 있으며 항상 작동하는**active **것**으로 받아들여지게 되었다.[11] 즉, 이전에 유아가 현실 원칙을 마주하는 시기로서 좀 더 후기-유아적이고 전의식적인 것이었던 개념이, 본능의 불만족이 있는 유아 초기부터 존재하는 것이며 무의식적인 개념으로 받아들여지게 된 것이다. 이때 개인의 심리를 결정짓는 것은 그의 무의식적 환상이며, 그러한 환상들이 현실과 어떻게 관계를 맺는가하는 것이라 할 수 있다.

2) 내적 대상들 그리고 자아 발달에서 상징 형성의 중요성

유아의 무의식적 환상 속에서 내적 대상들은 주로 신체와 관련된 부분 대상들이다. 이는 프로이트가 「본능과 그 변화」(1915)에서 본능을 **정신과 육체 사이의 경계선에 있는 개념으로, 신체 기관 내에서 발생하여 정신에 도달하는 심리적 대표자**[12] 라고 설명한 것에서 그 의미의 단서를 찾을 수 있다. 때문에 클라인은 초기 유아가 경험하는 내적 대상들을 주로 신체 기관들과 관련지어 젖가슴, 입, 항문, 질, 페니스 등으로 표현하였다. 그 중 유아가 경험하는 첫 번째 대상은 어머니의 젖가슴이다.

> 처음에는 이 모든 환상의 대상은 어머니의 젖가슴이다. 작은 아기의 관심이 한 사람 전체가 아닌 한 부분에 한정된다는 것이 의문스럽게 여겨질 수 있다. 그러나 가장 먼저 명심해야 할 중요한 사실은 아기는 이 단계에서 지각적, 육체적, 정신적 능력이 거의 발달하지 않았으며, 그래서 어린 아기는 자신의 즉각적인 만족 혹은 불만족만을 생각한다는 것이다; 프로이트

> 는 이를 **쾌감-고통 원칙**pleasure-pain principle이라 불렀다. 그러므로 만족을 주거나 이를 거부하는 어머니의 젖가슴은 아기의 마음속에서 좋음과 나쁨의 성격으로 물들게 된다. 이제, **좋은** 젖가슴이라 불리는 것은 일생동안 좋고 유익한 것으로 느껴지는 것의 원형prototype이 되며, 반면 **나쁜** 젖가슴은 악하고 박해적인 모든 것을 대변한다.[13)]

초기의 유아는 자신의 증오를 감당하지 못하며, 자신의 증오를 거절하는, 혹은 **나쁜** 젖가슴에게로 돌린다. 이때 그는 자신의 증오가 자신에게 있는 것이 아닌 젖가슴 그 자체에 있는 것으로 본다. 이 과정을 투사projection라고 한다. 또한 이와 동시에 일어나는 중요한 과정은 내사introjection이다. 유아가 입을 통해 어머니의 젖가슴으로부터 공급되는 양분을 **받아들이는 것**으로 대변되는 이 과정은 유아가 자신의 환상 속에서 외부 세계로부터 인식하는 모든 것을 받아들이는 정신활동을 의미한다. 유아는 이제 자신의 외부 세계인 젖가슴과의 상호작용 속에서 끊임없이 투사와 내사를 반복하며 세상을 경험한다. 유아의 신체로부터 발생되는 불쾌한 자극들—배고픔, 추위, 배변으로 인한 불쾌감—로 인해 비명을 지르고, 화를 내고, 발로 차는 동안 유아는 젖가슴을 찢고, 깨물고, 파괴하고 있다는 환상을 경험하며, 나쁜 젖가슴(추위, 배고픔의 고통, 심지어 자신의 비명도)이 찢겨진 채 자신을 보복한다는 불안에 놓이게 된다.[14)] 만일 이때 어머니가 유아의 울음에 반복적으로 적절하게 반응—젖을 주거나, 따뜻하게 안아주거나, 쓰다듬어 주는 것—할 수 있다면, 유아는 젖가슴과의 투사-내사 상호작용 속에서 좋은 젖가슴을 경험하고, 박해적인 환상을 수정하며, 나쁜 젖가슴 뒤에 다가오는 좋은 젖가슴에 대한 믿음을 확립하고, 좋으면서도 나쁜 온전한 젖가슴을 내사하여 둘을 통합해낼 수 있게 된다.

한편, 클라인은 「자아 발달에서 상징-형성의 중요성」(1930)[15]에서 유아가 무의식적 환상을 통해 현실 세계와 어떻게 관계를 맺을 수 있게 되는지 세부적으로 설명한다. 그녀는 이 논문에서 리비도적 쾌감의 다양한 원천들로부터 활성화되는 가학성의 단계가 정신 발달의 초기에 존재한다는 가정으로부터 논의를 시작한다. 클라인에 따르면, 이 단계에서 가학성은 그 최고조에 있으며, 이때의 가학성은 어머니의 젖가슴을 삼키려는 구강 가학적 욕망으로부터 시작하여, 초기 항문기의 시작과 함께 사라진다.

유아는 어머니의 안에 (a)**아버지의 페니스와** (b)**배설물,** (c)**아기**가 있을 거라고 생각하며, 그것들을 먹을 수 있는 것들과 등치시킨다. 프로이트의 성sexuality이론에서 그런 것처럼, 유아의 환상 속에서는 부모가 성교하는 동안 아버지의 페니스가 어머니의 몸 속으로 함입된다. 이와 마찬가지로 유아는 구강-가학적 공격을 통해 어머니와 그 안에 있는 아버지를 먹는다. 이때 이들은 유아의 환상 속에서 깨물리고, 찢겨지며, 잘려나가거나 잘게 부서진다. 이런 가학적 환상은 유아로 하여금 결합된 부모united parents로부터 처벌당할까하는 불안을 일으키며, 이런 불안을 일으키는 대상들은 유아가 입을 통해 먹는 구강-가학적인 내사의 결과로 내재화되고, 이것이 초기 초자아의 형성으로 이어진다. 이는 항문기에 뒤따르는 성기기의 시작과 함께 유아가 아버지의 존재를 인식하면서 거세당할지도 모른다고 느끼는 오이디푸스적 불안으로 아버지와의 동일시를 통해 그 불안을 다루고, 초자아를 형성한다고 하는 프로이트의 이론에서 보다 발달적 시기에 있어 앞서는 것이다.

클라인은 앞서 언급했듯, 정신 발달 초기 단계의 이러한 불안 상황이 가학성의 그 과도함으로 인해 가장 극심하고 압도적이라고 보았다. 유아에게 위험이 되는 두 개의 원천은 (a)**자기 자신의 가학성과** (b)**공격당하는 (주로 신체와 관련된) 대상**들인데, 이는 가학성의 경우 불안의 해방liberation을 위한 기회를 제공하고, 또한 대상을 파괴하기 위해 무기[16)]를 사용하는 것이 자기 자신에게 그렇게 하는 것처럼 느껴지기 때문이다. 그리고 공격의 대상이 위험의 원천이 되는 것은 그것이 보복할지도 모른다는 생각 때문이다. 이 때문에 유아는 이러한 극심한 불안을 숙달해야 하는 과제에 직면하게 되는 것이다. 이에 따라 유아에게 동등시에서 상징화로 이어지는 방어는 필수적이게 된다.

> 이 불안은 그로 하여금 문제의 기관들을 다른 것들과 동등시하게 하는데 기여 한다; 이 동등시 때문에 이것들은 차례로 불안의 대상들이 되며, 그래서 그는 새로운 대상과 상징주의symbolism에 대한 관심의 기초를 형성하는 새로운 동등시를 만들기 위해 끊임없이 부단히 노력한다. 그러므로, 상징주의는

> 모든 환상과 승화의 토대가 될 뿐만 아니라, 그것 이상으로, 외부 세계와 일반적인 현실에 대한 주체의 관계의 기반이 된다. 나는 최고조에 달한 가학증의 대상과, 가학증과 동시에 발생하는 지식에 대한 욕망의 대상이 환상화된 내용물들로 차있는 어머니의 몸이라는 것을 지적하였다. 그녀의 몸의 내부를 향하는 가학적 환상들은 외부 세계와 현실에 대한 첫째 되고 기본적인 관계를 구성한다. [17]

유아가 이 단계를 얼마나 성공적으로 통과했는가 하는 것은 상징화를 통해 얻게 된 외부 세계가 현실과 얼마나 상응하는가에 달려있다. 유아는 환상 속에서 불안의 대상들로 둘러싸여 있으며, 이 때문에 배설물, 신체 기관, 생물과 무생물과 같은 대상들은 서로 동등한 것이 되기 시작한다. 자아가 건강하게 발달할 때 유아는 순차적인 상징화와 승화를 통해 이런 비현실성을 떠나 현실에 대한 참된 관계를 맺을 수 있게 된다.

이런 이유로 클라인은 유아의 자아발달과 참된 현실을 향한 상징화를 위해 최적의 불안 밸런스가 필요하다고 말한다.[18] 충분하고 감당할만한 만족스러운 양의 불안이 풍부한 상징 형성과 환상의 기초에 필요하다는 것이다. 때문에 최적의 불안 밸런스를 벗어난 지나친 만족과 지나친 좌절은 모두 유아가 현실과 관계 맺는 것을 방해한다. 불안을 겪을 필요가 없는 지나친 만족이 지속된다면 상징화는 필요가 없게 되며, 이 때문에 훗날 불가피하게 마주해야하는 현실은 너무 갑작스럽고 과도한 불안을 야기한다. 한편, 지나친 좌절은 위니캇이 말한 **거짓 자기**false self와 비교될 수 있는 **대상에 대한 조숙하고 과장된 동등시**[19]를 낳는다. 흔히 필요 이상으로 많은 것을 공급해주는 양육자는 지나친 만족을 주는 것으로 여겨질 수 있으나, 그것이 유아의 필요와 어긋나는 것이라면, 즉 자기애적 양육인 경우라면, 오히려 지나친 좌절에 가깝다고 할 수 있을 것이다.

3) 두 자리 이론: 우울적 자리와 편집-분열적 자리

클라인의 이론에서 가장 혁신적이라고 할 수 있는 공헌 중 하나는 유아가 자기 안에 존재하는 파괴적 내용물들을 어떻게 차단하고 방어하는지를 묘사하는 편집-분열적 자리paranoid-schizoid position 개념과 우울적 자리depressive position 개념에 관한 것이라 할 수 있다. 클라인은 이전과는 다른 관점에서 대상과 관계를 맺기 시작한다는 사실을 나타내기 위해 **단계**stage나 **국면**phase이라는 용어를 사용하지 않고 의도적으로 **자리**position라는 용어를 사용한다. 단계나 국면이라는 단어는 위계적이고 성취적이며, 고착적인 의미를 담고 있는 반면, **자리** 개념은 발달상 성취의 의미도 있지만, 인간의 심리가 특정한 스트레스 상황에서 유아적인 상태로 옮겨가기도 하며, 안정된 상태와 불안 상태를 끊임없이 오가는 것을 고려할 때 유연하고 적절한 용어 선택이라 할 수 있다. 편집-분열적 자리에서 공격성은 파괴로부터 좋은 대상들과 자신의 부분들을 보호하기 위해 차단되거나 분열되고, 우울적 자리에서 공격성은 유아가 증오하는 사람들 또한 자신이 사랑하는 사람들이라는 것을 깨달음과 동시에 죄책감과 좌절의 감정들을 동반하며 완화된다.

먼저, 편집-분열적 자리에 있는 유아는 대상과 **좋은** 혹은 **나쁜** 부분적 대상관계를 갖는다. 이때 좋음과 나쁨은 공존하지 못하며 전적으로 좋거나 전적으로 나쁜 대상관계를 갖는다. **편집적**paranoid이라는 말은 주체에게 불쾌한 감정이 생길 때, 이런 죽음 욕동의 위협을 스스로는 감당해내지 못하기 때문에 외부 대상에게 투사하고 외부에 나쁜 대상을 만들어 내는 것을 말한다. 그래서 자신의 나쁜 감정을 두고 외부에 악의에 찬 나쁜 젖가슴이 자신을 파괴하려 한다고 생각하고, 그것을 공격하여 파괴하려는 것이다. 이렇게 파괴적 공격성을 외부로 투사하기만 한 결과로 유아에게 있어서 외부세계는 온통 악의로 가득 찬다. 이와 동시에 악의로 가득 찬 세상에서 살 수 없는 유아는 생존을 위해 자신에게로 향하던 자기애적인 선함과 사랑의 충동을 외부에 있는 좋은 대상에게 투사함으로써 좋은 젖가슴을 창조해 낸다.

이로써 유아의 세상에는 양극단으로 **분열된**schizoid 두 가지의 대상이 존재하게 된다. 자신을 파괴하려 하는 나쁜 젖가슴과 자신을 사랑하고 보호해주는 좋은 젖가슴이 그것이다. **좋은 젖가슴**을 경험할 때 유아는 적절한 타이밍에 부드러운 방식으로 공급되는 모유를 먹으며 충만한 사랑에 흠뻑 빠진 듯 한 느낌을 갖는다. 반대의 경우, 즉 배가 고플 때 유아는 내면에서 무언가가 자신을 공격하는 것 같은 느낌을 갖거나 본능에 적절하게 반응하지 못하여 시기적으로 맞지 않게 젖이 물려지거나 모유 수유가 너무 과격할 때 이를 **나쁜 젖가슴**으로 경험하게 되며 그것이 자신을 괴롭히고 고통을 주는 것 같은 기분을 느끼게 된다.

한편, 밖으로 공격성을 표출하는 것이 위험하다고 판단될 때, 유아는 외부 대상을 좋은 인물로 만들고 파괴 충동을 자신에게로 돌려 그 자신은 정반대의 인물이 되는 방식으로 분열시키기도 한다. 파괴 충동을 자신에게 돌릴 경우 자아는 공격받고, 자아 기능 혹은 자신의 인격의 일부를 상실하게 될 수도 있다. 클라인은 한 환자에 대해서 언급하는데, 그는 **감정을 잃어버린 남자**로 불리는 환자로 자신이 감당해낼 수 없는 감정을 분열시켜버렸다. 치료도중 환자에게 감정의 접촉이 일어났지만 환자는 그것을 인식하자마자, 곧 정서적으로 고갈되고 말았다.

> 환자는 분석가에게 위험스럽고 적대적으로 느껴지는 자신의 일부, 즉 자아의 일부를 분열시켰다. 그는 파괴 충동의 방향을 대상에게서 그 자신에게로 돌렸다. 그 결과 자아의 부분이 일시적으로 소멸되었다. 무의식적 환상에서 이것은 인격의 한 부분이 멸절된 것을 뜻한다. 파괴 충동을 자신의 인격의 한 부분으로 향하게 하고, 계속해서 정서를 분산시키는 방어기제를 사용함으로써 그의 불안은 잠재된 상태로 유지되었다. [20)]

이처럼 파괴 충동이 자신에게로 향하게 될 경우, 감정(혹은 언어, 사고, 자아의 파편화)은 메말라 버리고 이 때문에 대상과 감정적으로 접촉할 수 없게 된다. 대상에 대한 공격성이 사라진다면, 그것은 자기를 향한 공격과 같은 다른 형태로 다시 출현하게 되는데, 이것이 바로 자아 기능의 일부를 상실하는 원인이 된다. 분열 시킨 것이 다른 형태로 다시 돌아오는 이유는 실제로 그것이 자신의 감정이고, 이런 감정을 분열시킨다는 것은 자신의 무언가를 잃어버린 것 같은 느낌 혹은 자신의 온전성 integrity과 관련된 불안을 일으키기 때문이다.

편집-분열적 자리에서의 유아가 분리를 통해서 공격성을 다루었다면, 어느 정도 공격성을 담을 수 있게 된 유아는 우울적 자리를 경험하게 된다. 우울적 자리에서의 대상은 부분 대상이 아닌 전체 대상, 말하자면 나쁘기도 하고 좋기도 한 사랑하는 실제의 어머니이고, 그의 내면에 투영되어 자리 잡은 내적 대상이다. 전체 대상이 내면에 확고히 자리 잡고 있으면 좋겠지만, 성장과정에서 좌절은 불가피하다. 언젠가는 젖을 떼야 하고, 부모는 자신의 본능에 완벽하게 반응해주지는 못한다. 이런 과정에서 겪는 좌절과 불안으로 인해 유아는 환상 속에서 어머니를 증오하며 파괴하게 된다. 하지만 이제 유아가 환상 속에서 파괴한 대상은 나쁘기만 한 어머니가 아닌 자신에게 사랑과 보호를 주는 좋은 어머니이기도 하다. 클라인은 유아가 자신의 파괴성 때문에 사랑하는 대상에게 상처를 입혔다는 생각에 느끼는 공포와 죄책감을 가리켜 우울 불안이라고 이름 붙였다. 편집-분열적 자리에서의 불안이 외부의 힘에 의한 자신의 멸절 및 파괴에 대한 불안이라면, 우울적 자리에서의 불안은 자신의 공격성으로 인해 환상 속에서 대상을 상실하는 것에 대한 불안을 말한다. 편집-분열적 자리에서 우울적 자리로 이행한 유아의 관심사는 원초적 불안으로부터 대상에 대한 염려와 대상의 회복으로 이동한다. 이때 유아는 분노와 함께 가책을 더한 것과 같은 혼합된 감정을 느끼게 된다.

우울적 자리에서 느끼는 우울 불안은 유아로 하여금 조적manic 성격의 방어기제를 사용하게 한다. 이는 어머니를 외부에 존재하는 전체 대상으로 인식함에 따라, 대상을 상실한데서 느껴지는 우울적 고통을 경험하지 않기 위한 방어라 할 수 있다. 이에 따라, 대상에 대한 의존성과 양가감정을 부인하고, 상실된 대상이 고통이나 죄책감을 일으키지 못하도록 전능적으로 조종하려 하며, 대상을 경멸적인 태도로 대하거나, 대상에 대한 승리감을 가지려 한다. 동시에 파괴와 상실에 대한 감정을 모두 부정함으로써 이상화된 내적 대상 안으로 도피할 수 있다.[21)]

클라인은 우울적 자리에 성공적으로 도달하기 위해서는 유아가 행복한 내적 상태를 창조해야 하며, 이를 위해서는 사랑하는 좋은 대상을 내재화하는 것이 필요하다고 주장했다. 주체가 항구적인 좋은 내적 대상을 소유하고 있다면, 긴장 상태에 있을 때에도 그 좋은 내적 대상에게서 강력한 지원을 받을 수 있기 때문에 자신에 대한 강한 확신을 가질 수 있게 된다.[22)] 이런 강한 확신을 위해 아기의 기대에 어긋나지 않게 다시 나타나는 어머니와 그녀의 돌봄은 필수적이다. 죄책감과 불안으로 떨고 있는 아이에게 다시 나타나는 어머니는 그에게 대상들이 지니고 있는 능력과 탄력성을 확신시켜주며, 더 중요하게는 아이의 적대감이 갖는 전능성—자신의 적대감이 대상 혹은 세상을 파괴시켜버릴지도 모른다고 생각함—을 줄여주고, 아이 자신의 사랑과 회복의 능력에 대한 믿음을 증가시킨다.[23)]

2. **조숙한 자아 발달** 개념의 이해와 확장

앞서 클라인의 이론에서 살펴본 바와 같이 그녀는 「자아 발달에서 상징-형성의 중요성」(1930)에서 유아가 느끼는 가학성-박해 불안으로 인해 그가 차례로 무의식적 환상 대상들에 대한 상징화를 필요로 하게 되며, 그런 상징-형성은 주체가 외적 세계와 관계 맺는 양상을 결정한다고 하였다. 클라인은 당시 그녀가 정신분열증으로 진단했던 어린 환자 딕Dick의 곤경을 요약하기 위해 **조숙한 자아 발달** 개념을 소개하였다. 그 후, 주디스 미트라니Judith Mitrani는 조숙한 자아 발달 개념을 비온Wilfred Bion의 개념인 **담아주는 대상 경험의 결핍**과 연결시킴으로써 실제 정신분석 임상에서의 기법적 진보를 꾀하였다.

1) 딕의 사례

클라인은 딕의 사례를 **자아-발달에 대한 이상한 억제**[24)] 가 있는 것으로 설명한다. 딕은 4살짜리 소년으로, 그는 빈곤한 단어 사용과 약 15개월이나 18개월쯤 되는 아이 수준의 지적 능력을 갖고 있었다. 그는 거의 말을 할 수 없었으며, 어머니와 유모가 있는지 없는지에 대해서도 무관심한 것으로 보였다. 자신을 신체적으로 아프게 했을 때조차도 감정을 보이지 않았고, 놀이를 거부했으며, 칼과 가위를 다룰 수 없었다.

클라인은 어린 딕의 어려움에 대하여 **젖을 빠는 시기에 몹시 불만족스럽고 힘든 시간을 보낸 것**에 따른 결과로 보았다. 그녀는 딕이 모든 신체적 돌봄을 받았음에도 불구하고, 진정한 사랑이 딕에게 아낌없이 주어지지 않았으며, 그를 대하는 어머니의 태도는 처음부터 **너무 불안이 많았음**을 지적한다. 더욱이 생의 첫 1년 동안 딕은 그의 아버지와 보모로부터도 다정한 돌봄이나 사랑을 받지 못했다. 태어난 지 2년째 되던 해에 딕은 숙련되고, 다정한 새로운 보모를 만나고 그를 아주 사랑해주는 할머니와 많은 시간을 보내게 된다. 새로운 보모가 왔을 때, 딕은 어떤 것도 빨고 싶어 하지 않았으며, 그 다음에는 병에 든 어떤 것도 마시려 하지 않았다. 좀 더 단단한 음식을 먹어야 할 때가 왔을 때, 그는 그것들을 깨무는 것을 거부했고, 죽과 같은 유동식 외의 모든 것들을 거부했다.[25)]

딕의 어머니의 불안으로 인해 딕은 어머니의 몸과 그 안의 내용물들에 대한 자신의 가학성을 발달시킬 수 없었다. 이에 따라 클라인은 **딕의 성기가 너무 일찍 제 역할을 시작**했는데, 이는 "공격하는 대상과의 조숙하고 과장된 동일시를 야기했으며, 이와 동등하게 가학성에 대한 조숙한 방어에 기여하였다"고 언급하였다.[26] 다른 부분에서도 그녀는 다음과 같이 말한다.

> … 딕은 성기기가 너무 일찍 활성화되었다. 이는 이전에 내가 말한 표상(가학적 환상들)에 불안만이 따라온 것이 아니라, 후회, 연민, 그리고 그가 보상해야 한다는 느낌도 따라왔다는 것을 보여주었다.[27]

이런 감정은 클라인이 나중에 **우울적 자리**라고 개념화 한 양상에서 유아가 느끼는 특징이다. 어머니의 불안이 강했기 때문에 어린 딕은 대상의 생존과 관련된 문제들에 때 이른 염려를 갖고 있었다고 클라인은 추론하였다. 딕은 어머니의 몸과 그 내용물을 향한 가학성에 대한 방어로 조숙하고 과장된 성기기적 성장으로 건너뛰어야만 했다. 이로 인해 딕의 상징-형성은 멈췄고, 대상들에 대한 정서적이거나 상징적 관계가 그의 마음속에 존재하지 않았기 때문에 그것들에 관한 어떤 행동이라도 환상이 덧입혀지지 않았다.[28] 이에 따라 딕은 주변 대상들에 대한 관심을 가질 수 없었고, 무감각한 특징을 나타냈으며, 공격성을 나타내는 음식을 씹고, 깨무는 행동, 그리고 칼과 가위를 사용하는 행동에 어려움을 보였던 것이다. 그는 현실과의 관계를 세우는 것을 멈추었다.

> 자신의 파괴적 충동에 대한 그의 방어는 자신의 발달에 대한 근본적인 장애물이 되는 것으로 나타났다. 그는 어떤 공격 행

동이라도 할 수 없었으며, 이런 불능의 기초는 초기 단계에서 그가 음식을 깨물기를 거부하는 것으로 명백하게 나타났다. 네 살 때에 그는 가위, 칼, 혹은 도구들을 잡을 수 없었고, 모든 움직임에 있어서 현저하게 서툴렀다. 어머니의 몸과 그 내용물들을 향한 가학적 충동의 방어는 환상의 정지와 상징 형성의 중단을 초래했다. 딕의 발달은 그가 어머니의 몸에 대한 가학적 관계를 환상으로 가져오지 못했기 때문에 실패했다.[29)]

그러나 분석 공간에서 딕이 관심을 갖는 대상들이 있었는데, 그것은 기차와 기차 정거장, 문손잡이와 문, 그리고 그것들이 열리고 닫히는 것에 대한 것이었다. 딕과의 첫 번째 회기에서 클라인은 큰 기차와 작은 기차를 가져다 놓고, 각각 '아빠 기차', '딕 기차'라고 불렀다. 그러자 딕은 '딕 기차'를 가져다 창문에 놓고 "정거장"하고 말하였다. 클라인은 이에 대해 "정거장은 엄마야. 딕은 엄마에게 갔어"하고 해석한다. 외부 대상들에 대한 딕의 관심은 미미했지만,[30)] 분석가가 그런 작은 부분들과 동맹을 맺고, 소통을 시작하자 딕의 놀이는 발달하기 시작한다.

세 번째 회기에서 딕은 분석가와 보모에게 번갈아가며 의존성을 발달시키기 시작한다. 동시에, "보모는 곧 와"하는 달래주는 말에 흥미를 느끼고 그것을 기억하고 반복하곤 한다. 그러나 그가 장난감들을 흥미롭게 바라보기 시작하면서, 그의 공격적 경향성 또한 명백해진다. 딕은 석탄 수레를 가리키며 "잘라

버려"하고 말했다. 클라인은 그에게 가위를 주었고, 그는 석탄을 나타내는 작은 검은색 나무 조각에 흠집을 냈다. 하지만 그는 가위를 붙들고 있지는 못했다. 그는 분석가를 바라보았고, 클라인은 카트 바깥의 나무 조각들을 잘랐다. 그 결과 그는 손상된 카트를 던졌고 그 내용물들을 서랍 속에 넣고는 말했다. "사라졌어(Gone)." 클라인은 그에게 그 의미를 말해주기를, 딕이 어머니의 얼굴을 잘라냈다고 하였다. 그는 문들 사이의 어두운 공간으로 달려갔고, 그의 작은 손톱으로 문에 흠집을 냈다. 이렇게 하여 그는 그 공간을 카트와 동일시했고, 그것들은 모두 그가 공격하는 어머니의 몸이라는 것을 보여주었다.[31] 이후 딕은 아버지에 대한 공격성 또한 드러낸다.[32]

클라인은 불안한 어머니로 인해 가학적 환상을 발달시킬 수 없었고, 그 결과로 조숙하게 성기기 혹은 우울적 자리로 넘어가야 했던 어린 딕의 억압된 가학성에 놀이와 상징을 통해 접촉하고, 그것을 공식화(해석)함으로써 딕이 **어둡고 공허한 엄마의 몸**을 의미하는 문들 사이의 어두운 공간으로부터 나올 수 있도록 도왔다. 이는 먼저 환자의 정상적인 부분과의 동맹을 통해 의존성이 발달함으로써 시작되었으며, 가학성에 대한 분석가의 해석을 통해 환자가 가학성을 언어로 표현할 수 있는 기회를 제공함으로써 가능했다. 이는 하이만 스팟닛츠Hyman Spotnitz가 공식화한 것처럼, 인간에게 내재하는 성숙을 향한 경향성으로 인해, 그것을 가로막고 있는 장애물(저항)을 해소할 때 증상은 자연스럽게 해소될 수 있다[33]고 하는 정신분석에 관한 신경

생물학적 입장과 일치한다.

이후 딕은 클라인과의 치료적 작업을 통해 다른 사람들에게 말을 걸기 시작했다. 장난감들을 찾기 시작했고, (자신과 어머니의 몸을 의미하는) 세면대에서 씻을 수 있게 되었다.

2) "투사적 동일시"로부터 비온의 "담아주기" 모델로

마틴 제임스Martin James(1960)는 유아의 조숙한 자아 발달이, 유아가 실제로 모성적 기능을 떠맡는 것이거나, 또는 어머니가 정서적으로 접근 불가능하다고 경험될 때, 마치 그 모성적 기능을 떠맡기 위한 것처럼 시작된다고 하였다. 그는 자신의 형제의 죽음을 애도하는 동안 애정과 마음을 다해 그녀의 아기와 함께 할 수 없었고, 아이를 통해서 기쁨을 느낄 수 없었던 한 어머니에 대해 소개한다. 이때 아기는 달랠 수 없이 울었고, 이완할 수 없었으며, 자신의 주변 환경에 극도로 민감한 반응을 보였다.

제임스는 이 어머니가 자신의 비탄과 상실, 그리고 불안에 압도된 나머지 그 경험들을 거의 담아낼 수 없었기에, 자신의 아기의 최초 상실 경험에 대한 효과적인 여과장치를 제공해 줄 수 없었다고 하였다. 이 때문에 아기는 자신을 애도하는 상태에서 때 이르게 어머니와 동일시하도록 떠밀려졌다. 제임스의 환자였던 이 어머니의 아기는 딕과 마찬가지로 조숙한 우울적 자리 안에서 대면하게 되는 죄책감과 상실의 경험들과 관련된 복잡한 불안들을 다룰 수 있는 발달적 준비를 갖추지 못했다. 이런 준비는 자아의 핵심에 **좋은 내적 대상들**이 이미 충분히 확립되어 있어야 가능하며, 이런 대상들의 도움과 지지를 필요로 한다.[34)]

제임스의 사례와 클라인의 환자인 딕의 사례로부터 배울 수 있는 것은 유아의 정상발달에서 원초적인 가학성이 존재하며, 이런 가학성은 편집-분열적 불안들을 발생시키고, 만일 유아가 건강하다면 이런 불안들은 점차적으로 복잡해지는 환상들에 의해 다루어진다는 것이다. 이때 무의식적 환상들은 가장 초기에는 분열과 투사적 동일시의 환상이다가 나중에는 전치와 상징적 동등시로 발달해간다. 이것이 유아가 현실 세계에 관심을 갖고 새로운 대상들에 흥미를 갖게 되는 과정이다.

유아의 원시적 방어기제인 투사적 동일시에서 유아는 어머니와 자신을 구분하지 못하며, 자신의 환상 속에 있는 원시적인 내용물들을 어머니의 몸속으로 침범적으로 비워낼 뿐만 아니라, 빠는 행동과 어머니의 눈빛, 목소리를 포함하는 모든 피드백을 내사한다. 유아의 가학적인 공격 행동은 투사에서의 환상과 내사에서의 환상과 상응한다. 만일 이 심리적 펌프 작용에서 어머니가 유아의 투사물들을 담아낼 수 있고 그것을 소화하여 돌려줄 수 있다면, 유아의 내사에서의 환상은 이전의 가혹함으로부터 수정될 수 있고, 환상 속의 대상들이 주는 불안은 유아가 견딜만한 것이 될 것이다. 만일 그렇게 된다면 불안은 유아의 성숙을 위한 촉진제가 된다.[35)]

어머니(양육자)의 불안과 우울, 혹은 자기애적 상태가 유아의 정신적 성장에 있어서 문제가 되는 핵심적인 이유는 그것이 이 투사적 및 내사적 동일시를 방해하는데 있다. 1946년 클라인이 분열과 투사적 동일시를 발달상 정상적인 공격적 수단으로 정의한 이후로, 1959년 비온은 클라인의 투사적 동일시 개념을 확장하여 어머니와 유아 사이의 비언어적이며 전-언어적 형태의 의사소통의 의미를 강조하였다. 그에 따르면, 유아가 편집-분열적 불안으로 인해 마치 죽음에 임박한 재앙이 온 것처럼 비명을 지르며 울어댈 때, 어머니는 당황하며 마음은 동요하게 된다. 하지만 유아의 울음소리는 어머니에게 이해할만한 것이며, 그래서 "자, 자(well, well)"하며 아기를 달래줄 수 있다면 아기의 고통이 죽음으로 끝나지 않을 것이고 곧 잠잠해질 것이라는 것을 알려줄 수 있다. 다시 말해, 어머니는 유아가 비워내는 원초적인 불안을 감당해내고, 그것을 수정하여 돌려주는 것이다. 이제 유아는 "우 엘, 우 엘(oo el, oo el)"하며 위로하는 어머니를 내사할 수 있게 되고, 스스로를 달래줄 수 있는 능력을 갖게 된다.

이는 비온의 모성적 담아주기를 잘 보여주는 예이다. 아기의 고통을 받아들이고, 그것을 감내하며, 아기의 불안의 이유에 대해 숙고하고, 마침내 그것을 이겨내고, 죽지 않고 살아서 좋은 것으로 돌려주는 어머니의 모습은 **담아주기**containing로 요약될 수 있다. 이는 세 가지 기본적인 요소들을 포함하는데, 담아주기에서 어머니는,

1) **몽상**reverie을 통해 유아의 투사된 자기, 대상, 정동들, 그리고 처리되지 않은 감각 경험들의 감당하기 어려운 측면들을 받아들이고 흡수한다.
2) 그리고 투사된 것들에 대해 생각하고 이해할 수 있기 위해서 어머니는 그것들이 마음과 몸에 끼치는 영향을 필요한 만큼 오래 견딘다. 비온은 이 과정을 **변형**transformation이라고 불렀다.
3) 아기의 경험들을 몸과 마음속에서 변형시킨 다음에, 어머니는 점차적으로 그것들을 유아에게 적절한 시간에 해독된 형태로 되돌려준다. 이것을 비온은 **공표**라고 불렀고, 이는 흔히 **해석**이라고 불린다.[36)]

3. 도날드 위니캇의 이론

멜라니 클라인은 무의식적 환상 개념의 확장과 정교화, 그리고 유아의 무의식적 환상 속의 내적 대상들과 그것들의 현실세계와의 상호작용에 대해 연구함으로써, 프로이트의 욕동 이론으로부터 대상관계 이론으로 발전하는 가교 역할을 하였다. 이에 따라 클라인의 이론은 욕동이론과 대상관계 이론이 혼재되어있는 듯한 느낌을 준다. 도날드 위니캇은 유아의 성숙을 위한 환경이자 대상으로서의 어머니의 역할에 대해 강조하면서 대상관계 이론의 입지를 굳혔고, 역설적이면서도 이해하기 쉬운 용어들과 개념으로 자신만의 독특한 이론적 진지를 구축하였다. 특히 그의 **참 자기**true self와 **거짓 자기**false self 개념은 본 연구에서 다루는 에이미의 거짓된 삶과 그녀의 **사라짐**의 의미를 이해하는데 중요한 역할을 한다.

1) 단순한 양육과 통합integration

위니캇은 「초기 정서발달(1945)」에서 초기에 유아의 발달은 **(1)통합, (2)인격화, (3)현실화 과정**을 거친다고 말했다. 그에 따르면, 개인의 인격은 처음에 통합되지 않은 상태에서 시작되고, 일차적인 통합이 실패할 경우 퇴행이 발생하거나 다른 유형의 방어가 실패할 때 해체를 야기할 수 있는 단초가 된다. 유아의 일차적인 통합의 조건에는 두 가지 요소가 있는데, 하나는 유아를 따뜻하게 해주고, 달래주고, 목욕시켜주고, 흔들어주고, 이름을 불러주는 유아 돌봄의 기술이고, 다른 하나는 내부로부터 인격을 하나로 끌어 모으는 경향이 있는 강렬한 본능 경험이다. 이때 유아가 차츰 만족스런 인격화를 이루기 위해서는 본능적 경험들과 함께 반복되는 조용한 신체-돌봄의 경험들이 있어야 한다.

그가 이 논문에서 여러 번 강조하는 것 중 하나는 어머니로부터 제공되는 **단순한** 양육의 반복적인 제공이다. 그는 유아의 본능 경험과 어머니의 돌봄이 만나는 지점에서 환상illusion이 발생한다고 하였다. 예컨대, 유아가 흥분되고 그래서 무언가를 공격하는 환각을 만들어낼 때, 주어지는 어머니의 젖꼭지는 유아의 환각과 외부 현실에 속한 것이 만나는 하나의 경험의 조각으로서 그의 기억에 남게 되고, 이런 경험이 반복되면 이에 대한 그의 생각은 실제 젖꼭지의 모습, 느낌, 냄새에 의해 풍부해진다. 이런 경험을 통해 반복되는 통합의 경험은 내재화되고, 그래서 스스로 그런 통합의 느낌을 다시 불러일으킬 수 있는 능력을 갖게 된다.

> 이런 식으로 그는 실제로 사용할 수 있는 것을 환각 안에서 불러낼 수 있는 능력을 형성하기 시작한다. 이때 어머니는 계속해서 유아에게 이런 유형의 경험을 제공해야 한다. 그 과정은 유아가 한사람에 의해, 하나의 기술에 의해 돌봄을 받을 때 크게 단순화된다. … 단순화된 세상을 꾸준히 제공하는 것이 바로 어머니가 하는 일이다. 그런 토대 위에서만 객관성이나 과학적 태도가 세워질 수 있다. 오직 단조로움에 기초해서만 어머니는 풍부함을 가져다 줄 수 있다.[37)]

통합되었다는 느낌, 그것은 외부현실과 진정한 관계를 맺을 수 있는 기초가 된다. 위니캇은 같은 논문에서 정신증 환자의 경우 그들이 현실과 진정한 관계를 결여하고 있다는 것이 그들이 가진 문제의 전부라고 언급하였다. 현실과 관계하고 있다는 느낌이 존재감과 정체성의 문제와 직결되는 것이라고 할 수 있다면, 그것은 유아 초기에 반복되는 통합의 경험을 통해 가능하고, 그것은 어머니가 꾸준히 제공하는 단순한 양육에서 나온다고 할 수 있다.

2) 마인드와 심리-신체, 그리고 참자기와 거짓자기

「마인드mind와 심리-신체psyche-soma의 관계(1949)」에서 위니캇은 다음과 같이 말한다.

> 개인의 초기 발달에서 건강은 존재의 연속성을 전제로 한다. 초기 심리-신체는 존재의 연속성이 방해받지 않을 때 발달의 흐름을 따라 앞으로 나아간다; 다른 말로, 초기 심리-신체의 건강한 발달에는 완벽한 환경이 필요하다. 그리고 처음에 그 필요는 절대적이다. 완벽한 환경은 관찰자인 우리에게 유아로 알려진 막 형성된 심리-신체의 욕구에 적극적으로 적응해주는 환경이다. 나쁜 환경은 적응의 실패로 인해 유아를 침범하게 되고 그 침범에 심리-신체(즉 유아)가 반동해야 하는 환경이다. 이런 반동은 존재의 연속성을 방해한다.[38)]

여기에서 그는 좋은 환경으로서의 어머니를 강조하고 있다. 좋은 환경으로서의 어머니는 유아의 존재의 연속성을 방해하지 않고, 유아의 타고난 잠재력이 그대로 발현될 수 있고, 그래서 발달의 흐름을 따라 제 속도에 맞추어 앞으로 나아갈 수 있게 한다는 것이다.

완벽한 환경이란 가능한가? 「부모-유아 관계 이론」(1960)에서 그는 아이를 갖게 된 어머니의 변화에 대해서 서술한다. 그녀가 "임신 사실에 대해 알게 되었을 때 혹은 그 직후에, 여성의 관심은 자신과 자신 안에서 발생하는 변화들에 관심을 갖기 시작한다. 그녀의 몸은 다양한 방식으로 그녀 자신에게 관심을 갖도록 촉진시킨다."[39] 이런 변화들은 **일차적 모성 몰두**라는 이름으로 특징지어 지는데, 놀랍게도 보통의 충분히 좋은 어머니good-enough mother는 이런 변화들로 인해 유아가 처음에 세상에 나오게 되었을 때 아기에게 완벽하게 적응하게 된다. 그런 완벽한 적응은 점차적으로 상대적인 것으로 변하고, 유아는 그런 점진적인 좌절을 견딜 수 있는 능력을 발달시키면서 스스로 성장할 수 있게 된다. 다시 말해 점차적인 어머니의 적응 실패가 유아를 성장하도록 만드는 것이다. 이는 앞서 클라인이 유아의 자아 발달에서 불안이 최적의 밸런스로 주어질 때 대상들은 차례로 동등시를 거쳐 상징화되고, 이것이 외부 세계와 현실적인 관계를 맺을 수 있는 원동력이 된다고 했던 것과 그 맥을 같이 한다. 그래서 위니캇은 **보통의 좋은 어머니가 곧 충분히 좋은 어머니**라고 하며, "유아의 이해 능력이야말로 완벽에 가까운 존재가 되고 싶은 욕구로부터 어머니를 해방 시킨다"고 하는 것이다.[40]

같은 맥락에서 마인드mind는 중요한 의미를 갖는다. 그가 말하는 마인드는 단순히 **마음**으로 직역되는 것과는 다르며, 오히려 **생각** 혹은 **지능**에 더 가까워 보인다. 마인드는 유아에 대한 환경의 적응 실패로 인해 존재의 연속성이 위협받는 곳에서 자라난다. 마인드는 앞서 말한 충분히 좋은 어머니의 점진적인 적응 실패로 인해 생기는 간극을 아기가 스스로 메울 수 있게 함으로서 상대적인 적응 실패를 성공적인 적응으로 바꿔주는데 그 목적을 둔다.

충분히 좋은 환경과 관련된 유아의 건강한 발달에서 마인드는 유아의 타고난 잠재력이 발현될 수 있도록 도움으로써 존재의 연속성을 보장해주는 역할을 하게 된다. 또한 앞서 언급한 것처럼, 마인드는 정신과 구분되는 것으로서 지능이나 생각과 비교되기도 하는데, 여기로부터 이차과정, 상징기능, 그리고 꿈이 형성되어 나온다.[41] 그러나 마인드는 타고난 잠재력의 발현을 위한 보조적인 역할로 기능할 때에만 건강을 향해 있다고 할 수 있을 것이다. 만일 엄마의 양육이 일관되지 못하고 혼란스러울 경우, 마인드의 역할은 확대되고 심리-신체로부터 나오는 능동적인 특징보다는 반동하고 눈치를 보는 수동적인 특징이 두드러지게 된다.

위니캇은 여기에서 정신증의 발현이 이러한 과도한 환경적 결함으로 인한 것임을 다시 상기시키며 아래와 같이 말한다.

> 어머니 쪽에서의 어떤 실패, 특히 변덕스런 행동은 정신 기능의 과도한 활동을 야기한다. 변덕스런 돌봄에 대한 반동으로 정신 기능이 과도하게 활동할 경우에는 마인드와 심리-신체 사이에 상호대립이 발달할 수 있다. 왜냐하면 비정상적인 환

> 경에 대한 반동으로 사고가 심리-신체를 돌보는 일을 떠맡고 조직화하기 때문이다. 건강한 경우에 그 일은 환경의 몫이다. 그럴 때 마인드는 환경의 기능을 침해하는 것이 아니라, 그것의 상대적인 실패를 이해하고, 그것의 상대적인 실패를 유용한 것으로 만드는 역할을 한다.[42)]

다시 말해 건강한 경우, 환경의 실패를 이해하고 상대적인 실패를 유용한 것으로 만드는 것이 마인드이지만, 변덕스런 양육 환경은 정신 기능의 과도한 활동을 야기하고, 마인드와 심리-신체 사이에 상호대립을 발생시킨다는 것이다. 이때, 정신 기능은 실질적으로 좋은 어머니를 대신하게 된다.

> 가장 초기 단계에서 정도가 덜한 변덕스런 유아 돌봄을 받을 경우, 정신기능은 실질적으로 좋은 어머니를 대신하고, 그녀를 불필요하게 만드는 것을 통해서 스스로 중요해지게 된다. 임상적으로, 이것은 실제 어머니에 대한 의존과, 순응에 기초한 거짓된 성장과 나란히 발생할 수 있다. 이것은 가장 바람직하지 않은 상태인데, 그 이유는 유아의 심리가 본래 신체와 맺고 있던 친밀한 관계에서 벗어나 마인드와 결합하는 쪽으로 **끌리기** 때문이다. 그리고 그 결과로 병리적인 마인드-심리mind-psyche가 발생한다.[43)]

심리-신체psyche-soma란 본래의 유아 그 자체를 말한다. 그것은 자발적인 몸짓과 창조성을 가지며, 삶을 생생한 느낌으로 살아갈 수 있게 하는 존재이며 이는 참자기true self의 모체가 된다. 참자기는 충분히 좋은 어머니가 제공해주는 촉진적 환경facilitating environment에서 존재의 연속성을 방해받지 않고, 핵심 자기로부터 나오는 고유한 특성을 발휘하며 자발적이고 진정한 삶을 살 수 있게 한다. 마인드-심리mind-psyche는 본연에서 뿜어져 나오는 타고난 잠재력이 아니다. 눈치보고, 순응하고, 의존하는 방식으로 자신의 삶을 꾸려나가는 거짓자기false self가 우세한 삶의 모체이다.

3) 참자기가 존재감과 정체성에 갖는 의미와 정상인의 거짓자기

이 부분에서 연구자는 **사라짐**의 의미와 관련하여 이를 연약한 존재감 및 정체성과 관련짓고 있다. 이때 존재감sense of existence이란 내가 실제로 있으며, 살아있다는 생생한 느낌이다. 또 정체성identity이란 의미에 따라서는 하는 일과 사람들과의 관계에 의해 정의 내려질 수 있고, 어떤 의미에서는 그런 관계들과 상관없이 '나는 누구인가?'하는 물음에 대한 스스로의 어떤 확신감과 관련되어 있다. 존재감과 정체성은 조금은 다른 것 같으면서도 서로 긴밀하게 연결되어 있다. 이에 따라 참자기에 대해서 더 이해해보면, 참자기가 존재감과 정체성의 다른 이름이라는 것을 알 수 있다.

> 거짓자기 개념은 참자기 개념에 의해 균형이 맞춰질 필요가 있다. 이론적으로 참자기는 생의 최초의 단계에서 자발적 몸짓과 개인의 창조적인 생각이 출현하는 자리이다. 자발적인 몸짓은 활동하는 참자기의 표현으로 볼 수 있다. 오직 참자기만이 창조적일 수 있으며 삶을 생생하게 느낄 수 있다. 참자기가 삶을 생생하게 느끼는데 반하여, 거짓자기는 삶이 실감나지 않고 허망하다고 느낀다.[44)]

그러나 오직 참자기로만, 또는 거짓자기로만 살아가는 사람은 없다고 생각할 수 있으며, 이는 이론적인 명확함을 위해 세워진 두 극단으로 볼 수 있다. 또한 그 원인에 대한 설명을 받아들일 수 있다면, "건강한 자기의 예의바른 태도로부터 전체 인격으로 오인될 정도로 완전히 분리된 순응적인 거짓 자기에 이르기까지 다양한 거짓자기 방어가 있다는 사실 또한 인정" 할 수 있을 것이다. 정상인에게서 거짓자기적인 측면은 참자기와 화합하여 순응할 수 있고 타협할 수 있는 능력으로 나타난다. 그리고 사회적인 예절로서 사회에 적응할 수 있는 능력이 된다. 그러나 중요한 문제에서 참자기는 순응하는 자기를 능가하고 이때 타협은 중단된다. 정상인에게서 참자기와 거짓자기는 사회에 적응하면서도 필요할 때 자기를 주장하는 능력을 사용할 수 있는 형태가 된다.

4. 자기애과 공격성

1) 자기애 개념의 여러 가지 의미들

프로이트가 자기애[46)]에 대해 본격적으로 언급한 것은 1914년에 「나르시시즘 서론」을 펴내면서였다. 거기에서 그는 정신 에너지인 리비도libido의 투자 방향을 고려하여 리비도가 자신에게 투자되는 것을 **자기**Ich **리비도**, 대상에게로 투자되는 것을 **대상 리비도**라고 하였다. 즉, 유아는 처음 태어나서 자신의 신체를 성적 대상으로 취급하는 자가-성애auto-erotism를 포함하여 리비도가 자신에게 투자되어 있는 상태를 누리고(일차적 자기애), 점차 자아가 강해짐에 따라 외부 대상을 인식할 수 있게 되면서 리비도를 외부로도 돌릴 수 있게 된다. 위니캇의 말을 빌려서, 만일 대상이 일관적이고 지속적이며, 신뢰로운 양육 환경을 제공한다면 유아는 자기와 대상을 오가며 리비도를 투자할 수 있게 되고, 그런 투자와 회수의 반복적인 연습을 통해 세상과 상호작용하는 법을 배울 수 있게 될 것이다. 그런 경우 프로이트가 말한 것처럼 자기애는 정상 발달의 일부로서 스트레스와 위험한 상황에서 작동하는 자기 보호 본능으로 기능할 수 있게 된다고 볼 수 있다. 프로이트가 임상적 의미로 설명했던 것은 리비도를 대상에게로 투자하였다가 어떤 이유로 인해 대상-집중된 리비도가 다시 자아로 흘러들어가는 것에서 생긴 이차적 자기애secondary narcissism이며, 여기에 고착되어버린 사람들, 그래서 발달을 제대로 이루지 못하고 대상관계가 결여되어 병리적으로 **자기애적**narcissistic이 되어버린 사람들에 관한 것이었다.

한편, 프로이트는 일차적 자기애를 상정하면서 그 시기의 유아가 대상을 인식하지 못한 채로, 모든 리비도적 관심을 자신에게 집중시킨 시기로 보았다. 그러나 멜라니 클라인을 포함한 프로이트 이후의 많은 학자들은 유아가 이미 태어날 때부터 환상 속에서 대상을 인식한다고 주장하였다. 이런 논의는 중요한 임상적 함의를 갖는데, 프로이트는 정신분열증 환자와 같이 깊은 수준의 자기애적 환자는 세상과 대상으로부터 모든 관심을 철수하고 전이transference를 일으키지 않기 때문에 분석 대상이 될 수 없다고 보았다. 그러나 전-오이디푸스pre-oedipal 단계의 유아들도 환상 속에서 대상을 인식한다고 보았던 학자들은 자기애적 상태에서 (자기와 분화되지 않은)대상을 향해 전이를 일으키는 **자기애적 전이**narcissistic transference를 상정하고, 정신분열증과 같은 정신증 수준의 환자를 치료할 수 있는 가능성에 대한 측면을 제시하기도 하였다. 또한, 프로이트의 일차적 자기애, 즉 유아의 대상-없는 시기에 동의하는 학자들은 이차적 자기애의 형성은 **대상을 인식하는 것**에 대한 방어라고 하는 반면, 초기의 대상인식을 인정하는 학자들은 자기애적 상태가 **대상과의 분리를 인식하는 것**에 대한 방어로서 형성된다고 하였다. 그러나 대상을 인식한다는 것은 외부의 존재, 혹은 환상적 대상이 **나-아닌**것으로 느껴진다고 하는 것으로서 대상과의 분리를 인식하는 것과 크게 다르지 않을 것이라 생각해볼 수 있다. 여기서의 핵심은 이때의 불쾌감과 관련된 것으로서 자아의 강도와 건강성이 어느 정도의 수준에 도달하였고, 환경이 일관적이고 안전하게 경험됨에 따라 **나**와 분리된 외부 대상이 존재한다는 것을 인정하고 그 때의 불쾌감을 수용할 수 있는가에 관련된 문제라 할 수 있다.

프로이트의 「나르시시즘 서론」에서는 훗날 구조 모델 이론을 수립하기 위한 초석이 되는 개념도 찾아볼 수 있다. 자아 이상ego ideal 혹은 자아 관찰 기관이 그것이다. 그가 말한 일차적 자기애 시기는 생의 첫 단계를 의미하는 것으로서 자아가 형성되기 이전의 단계로 **자아**가 없음에 따라 이에 변증법적으로 존재하는 **대상** 또한 인식되지 못한다. 그러나 자아가 형성되고 대상이 인식되어 대상-리비도가 흘러감에 따라 대상과의 동일시를 통해 자아 이상을 형성하고 자아 성장을 위한 기틀이 마련된다.[47] 처음 갖게 된 자아 이상은 굉장히 과대적이기 때문에 유아는 부모를 전지전능한 신처럼 여긴다. 동시에, 과대적으로 인식된 부모와의 동일시를 통해 자신을 인식하기 때문에 이 시기의 유아는 과대적인 자기grandious self와 전능감omnipotence을 그 특징으로 갖는다. 이를 달리 말하자면, 외부 현실에 대해 섬세하게 검증되지 못한 상태이기 때문에 자신과 타인에 대한 과도한 기대를 갖게 되고, 이에 따라 좌절도 크게 된다.

프로이트 이후로 자기애에 관한 논의가 확장되면서 자기애라는 용어의 의미는 좀 더 분화되고 다양하게 사용되었다. 이에 따라 의사소통의 문제가 발생하는데, 버네스 무어Burness Moore는 **자기애적**이라는 것의 의미를 명료화하기 위해 이를 종합하고 그 의미를 대략 6가지로 정리하였다.[48] 첫 번째는 리비도의 종류로, 이는 리비도의 투자 방향이 자신을 향하는 것을 의미한다. 두 번째는 발달 시기와 발달 단계를 의미하는 것으로 생애 초기에 대상을 인식하기 전, 혹은 프로이트의 개념인 오이디푸스 갈등 시기와 관련하여 삼자 관계 이전인 이자 관계에 속해 있는 시기, 혹은 구강기 후기와 항문기 초기, 우울적 자리 성취 이전 등으로 묘사될 수 있다. 세 번째는 대상선택의 종류와 방식으로 대상을 선택함에 있어서 자신과 비슷한 사람을 선택하거나 자신을 돌보아줄 부모와 같은 대상을 선택하는 것을 의미할 수도 있고, 대상을 실제의 외부 대상으로 인식하지 못한 채 자신의 느낌과 환상으로 구성된 대상 인식을 통해 대상을 선택하는 방식을 의미할 수도 있다. 네 번째는 하나의 태도를 의미하는 것으로서 잘난 척하거나 거만함, 혹은 자신에게 과도하게 몰두하는 경향으로 볼 수도 있다. 다섯 번째는 정신체계 혹은 그 과정을 뜻하는 것으로 개인의 정신 안에 자기애적인 만족 방식과 인격 구조가 형성되어 있는 양상을 의미하는 것으로 볼 수 있다. 마지막으로 여섯 번째는 한 가지의 성격 혹은 인격의 종류를 의미하는데, 이는 건강에서 병리에 이르기까지 다양하게 나타날 수 있다. 다시 말해, 대상에게 리비도를 투자하지 못하는 양상은 정신분열증과 같은 깊은 병리의 환자에게서도 나타날 수 있으며, 자기애적 신경증을 보이는 환자처럼 깊지 않은 수준에서도 비슷한 경향이 나타날 수 있다는 것이다.

이 개념들은 서로 명확히 구분되거나 무관하지 않고 서로 연결되는데, 임상에서 사용할 때는 연약한 자기를 보호하기 위해 고착된 내적 안정감이나 자기만족적인 상태를 암시하기도 하고, 이것이 결여되어 있기 때문에 계속해서 그것을 확인하기 위해 타인의 인정을 필요로 하는 것으로 표현되기도 한다. 이는 그러한 결여감으로 인해 스스로가 중요하게 되고 거기에 몰두하게 되는 어쩌면 당연하고, 한편으로는 역설적인 것이라 할 수 있다.

2) 나르키소스 신화의 재해석

자기애narcissism라는 용어는 그리스의 나르키소스narcissus신화로부터 유래 하였다. 나르키소스 신화는 여러 가지 버전으로 이야기 되고 있지만 대중에게 가장 잘 알려진 것은 오비디우스Publius Naso Ovidius의 것이다. 여기에서 아름다운 청년 나르키소스는 연못에 비친 자기 모습을 보고 도취하여 바라보다가 그 자리에서 죽어간 것으로 알려졌다. 나르시시즘 개념의 시초가 된 나르키소스는 어떤 의미에서 자기애적이고, 왜 자기애적이 되었을까.

유아는 자신을 있는 그대로 바라봐주고 반영해주는 어떤 대상(어머니)을 통해 존재감을 얻고, 자기애를 건강하게 형성하며, 정체성을 확립해나갈 수 있게 된다.[49] 나르키소스는 강의 신 케피소스가 물의 요정인 리리오페를 겁탈하면서 생겨난 아들이었다. 리리오페는 아마도 그런 충격으로 인해 나르키소스를 충분히 사랑해주고 반영해 줄 수 없었을 것이다. 그녀는 아기 나르키소스의 눈 속에서 잃어버린 슬픈 자기의 얼굴을 찾고 있었는지도 모른다. 자기애적인 만족감을 누려야 할 시기에 아무 것도 준비되지 않은 연약한 상태에서 외부 대상의 존재를 인식해야 했던 나르키소스에게 이것은 하나의 자기애적 박탈이었을 것이다. 그는 자기애적 결핍을 채우기 위해 끊임없이 타인의 반영을 구하려 스스로 매력적으로 되었는지도 모른다. 끊임없이 많은 이들의 반영을 필요로 하면서도, 그는 어떤 이유에서인지 깊은 관계를 피해야 했다. 결국 그는 타인에게서 자신의 모습을 찾지 못했고, 연못에 반영된 자기의 모습을 보며 그 속에서 자기의 존재를 찾느라 스스로를 방치한 채 죽어가야만 했던 것이다.

무어는 자기애적인 부모의 나르시시즘이 어떻게 아이에게 전달되는지를 설명한다. 유아의 전-대상적 시기에는 현실 검증에 대한 **이미지 양상**image mode이 발달한다. 이는 타인의 신체적 반응과 그들을 모방한 것을 통해 발생하는 신체적 태도와 긴장, 정동들의 패턴을 기반으로 하는 것이며, 여기에서 아이는 자신이 배운 행동이 어떤 반응을 불러올 것인지를 예측하고 통제하는 것을 배운다. **이미지 양상**에서 유아의 세상은 자신의 행동의 산물로서 마치 자신의 견해가 유일한 것인 것처럼 생각하며, 이 때문에 세상은 경직rigid되고 구체적concrete인 것으로 경험된다. 이 양상에서 경험되고 배운 것은 끊임없이 확장하는 새로운 감각의 재조정reworking 속으로 통합되지 못한 채 경험들에 꼬리표만 붙을 뿐이다. 발달이 정상적인 경우, 아이는 이미지 양상뿐만 아니라 **대상 양상**object mode도 사용하는데, 이 때 아이는 실제 대상을 관찰함으로써 그에 대해 가지고 있던 자신의 기대를 재구성redesign한다.

부모가 자기애적일 경우, 부모는 방어적 외재화를 사용하는데, 이런 가정에서 자란 아이는 현실 검증에 있어서 이미지 양상을 사용한다. 이 아이는 부모의 리비도 집중을 받지 못하고, 어머니는 아이를 **마치 ~인 것처럼**as if 존재하는 것으로 본다. 즉, 아이는 어머니의 투사된 기대에 맞아떨어질 때만 인정이 되고, 자기애적 관계에서만 **존재**를 인정받는다는 것이다. 이로 인해 아이는 분리된 존재감을 갖지 못하기 때문에, 그의 이미지는 전적으로 외부의 기대에 의해 좌우되며, 자발적일 수 없게 된다. 또한 어머니가 대상관계로부터 철수하면 아이는 무서운 것을 경험하게 되는데, 이런 혼란을 막기 위해 그는 어머니의 기대에 부응하게 되고, 이것은 하나의 질서 잡힌 방식으로 공고화된다. 이때 아이는 내적으로 지지받지 못하는 정체성이 생기면서 공허감이 생기고, 계속해서 다른 이들로부터 지지가 필요해지며, 이에 대한 보상차원에서 과대적인 자기를 형성하게 된다.[50)]

스팟닛츠Hyman Spotnitz는 나르키소스 신화 속 청년 나르키소스의 죽음의 원인에 대한 새로운 해석을 내놓는다. 그것은 나르키소스의 죽음이 지나친 자기-사랑 때문이 아니라, 나르키소스에게 죽음 욕동의 그림자가 드리워졌고 그로부터 발생하는 공격성과 파괴적인 충동들이 내면을 향하였으며, 그것이 자신을 돌보지 않고 방치하는 원시적인 자기-파괴적 행동을 초래했다는 것이다.[51] 이를 이해하기 위해서는 공격성에 중요한 의미를 갖는 죽음 욕동에 대해 다시 한 번 상기해볼 필요가 있다. 무의식적 환상과 관련하여 클라인의 이론의 기반이 된 프로이트의 죽음 욕동 개념은 공격성과 관련하여서도 지속적으로 논의되어 오고 있는 중요한 개념이기 때문이다.

프로이트는 죽음 욕동이 인간을 조용히 죽음으로 인도하는 본능이지만, 그것이 삶의 욕동의 활동으로 인해 외부 세계의 대상을 향해 파괴적으로 표현된다고 하였다. 또한 그는 죽음 욕동과 삶의 욕동은 여러 가지 수준에서 섞이거나 융합되는데, 이 두 가지 본능 각각이 **순수한 형태**로 표현되는 일은 거의 없다고 하였다. 반면, 본능의 심각한 탈융합은 프로이트가 말한 융합되지 않은 죽음 욕동과 유사하다. 예를 들면, 죽으려는 바람이나 무無의 상태로 철수하려는 것이 그것이다. 실제 임상 장면에서 순수한 형태의 죽음 욕동을 관찰할 수 없는 이유는 그것이 언제나 대상과 자기를 향한 파괴적인 과정으로 드러나기 때문이다.[52] 이런 관점에서 볼 때 공격성은 죽음욕동이 우세하게 결합된 죽음-삶의 욕동의 융합이 외부의 대상 혹은 자기 자신을 향하여 표현된 것이라고 볼 수 있다.

나르키소스가 사람들을 유혹하는 데는 성공하지만, 깊은 관계를 맺을 수 없었던 것은 바로 이 공격성과 관련된 것으로 볼 수 있다. 자기애적 인격 장애를 가진 환자들은 좌절 상황에서 파괴적인 공격성인 **격노**를 보이는데, 이는 평소 조용하거나 자아도취적인 태도 뒤에 강한 적개심이 숨어 있다는 것을 알 수 있는 대목이다. 그들은 자신이 품고 있는 강한 적개심으로 인해 대상을 파괴하는 것에 대한 두려움을 가지며, 내면을 향하게 된 공격성으로 인해 강렬한 충동-긴장을 경험하기 때문에 친밀한 관계에 오래 머물지 못한다. 이와 관련한 것으로 스팟닛츠는 정신분열증의 핵을 공격성, 대상보호, 자기의 희생이라는 세 가지로 정의하였다. 이는 심각한 자기애적 상태에 있는 정신분열증에서 공격적인 충동들이 폭발적인 힘을 제공하는 동안에 리비도적 충동들은 그것을 억제하는 역할을 맡는데, 이때 이 방어가 작동하면 폭발적인 공격성(자기애적 격노)에 대한 분출로부터 대상을 보호하지만, 정신적 장치의 붕괴를 수반하거나 이를 위협한다는 것을 의미한다. 또한 이것의 부차적인 결과로서 정신의 대상영역이 제거되거나, 자아가 파편화(사고, 인지, 감정의 파편화)되는, 즉, 정신증으로 이어질 수 있다.[53)]

나르키소스 신화에 대한 스팟닛츠의 이러한 재해석은 자기애적 신경증 환자에서부터 증상이 심각한 정신분열증 환자에 이르기까지 그들을 치료하기 위한 중요한 함의를 갖는다. 겉으로 드러나는 과격한 공격성이 아닌 모습을 드러내지 않은 채로 내면에서 소리 없이 작동하는 공격성에 초점을 맞춘 시각에서는 공격성의 방향을 점차적으로 외부로 돌리는 작업이 필수적이게 된다. 이에 관한 논의는 다음 부분에서 더 자세히 볼 수 있다.

3) 공격성에 관한 쟁점들

공격성은 그 원천에 있어서 원래부터 타고나는 것인지, 아니면 만족의 장애물에 대한 좌절의 반응인지에 대해 많은 논의가 있어왔다. 또는 공격성을 두 가지의 노선으로 구분하기도 한다.[54] 만족을 찾는 내재된 정신적 동기로서의 공격성은 **자기-주장**self-assertion으로 사용되며, 외부의 방해로 생겨난 정신적 반응으로서의 공격성은 그 성숙 정도에 따라 격노, 분노, 증오 등 여러 가지로 분류될 수 있다.

헨리 파렌스Henri Parens[55]는공격성을 불쾌와 관련된 파괴성, 비정동적 파괴성, 비파괴적 공격성, 쾌락 관련 파괴성의 네 가지로 분류하는데, 그에 따르면 여기에서 관심을 갖는 파괴적인 공격성은 **과도한 불쾌**에 의해 촉발된다. 즉, 이 말은 좌절 자체가 공격성을 불러일으키지 못할 수 있으며 유아의 민감성 정도에 따라 그 과도성이 결정되고 그 수위를 넘어가는 불쾌의 경우 파괴적인 공격성이 촉발될 수 있다는 것이다. 그가 말하는 과도한 불쾌는 학대와 같이 고통스런 신체적 · 정서적 자극, 정서적 좌절, 자율성을 위한 투쟁에서의 좌절 등에서 유발될 수 있다.

파렌스는 또한 유아의 발달에 따라 함께 변모해가는 공격성을 한 스펙트럼 상에 제시한다. 그에 따르면 자아가 형성되기 이전인 6개월 이전, 즉 프로이트의 용어로 말하자면 일차적 자기애의 시기에 유아가 보이는 공격성은 격노와 과민성으로 나타난다. 이는 생물학적으로 하나의 적응적인 가치로서 환경에 신호를 보내는 것으로도 볼 수 있다. 6개월 이후로는 자아가 형성됨에 따라 대상이 점차 인식되고, 이 때문에 대상을 향하고 대상의 상실과 파괴에 대한 염려가 포함된 공격성이 분노와 적대감의 형태로 표현된다. 특히 9개월 이후로는 대상에 대한 양가감정이 생겨나고 이때부터 아이들은 벌써 자율성을 향한 투쟁을 시작한다. 대상이 인식됨에 따라 유아는 고통스러운 경험을 하지만 이것이 과도하게 경험되지 않는 한, 이는 자아가 성장할 수 있는 좋은 원동력이 된다. 18개월 이후로 발달하는 증오는 좀 더 안정된 적대적 경향으로 직접적인 사건과 좀 더 분리가 된다. 이전에 경험하던 분노와 적대감이 불쾌 자극이 사라지면 바로 그치는데 비해, 증오는 표현이 좀 더 안정적인 대신 내면화된 자기 대상에 공격성이 투영되면서 좀 더 지속적인 특성을 갖는다.

자기애적 환자들이 갖고 있는 적대적 경향은 아마도 6개월 이전의 자아가 형성되지 않은 아이가 보이는 격노 수준의 것일 것이다. 이들은 과도한 좌절 경험이 반복됨에 따라 격노가 가진 파괴성을 내면으로 돌려야 했고 공격성이 촉발될 때마다 그것을 내면으로 돌리는 패턴은 하나의 질서로 공고화 되었다. 또한 그 과도한 파괴성으로 인해 대상이 파괴되는 것에 대한 두려움으로 깊은 관계를 맺지 못하며, 격노로 관계를 망치거나, 철수하는 방식으로 관계의 연속성을 끊게 되는 것이라고 볼 수 있다. 그런 파괴적인 공격성을 소화하기 위한 방식은 다양하게 나타나는데, 위니캇이 말한 것처럼 거짓자기에서 발달하는 마인드를 발달시켜 과도하게 주지적으로 사용될 수도 있고, 감정과 사고의 연결고리를 공격함으로써 감정은 건조해지고, 사고는 연속성을 상실하게 될 수도 있다. 또한 자아를 공격하여 파편화시킴으로써 멍한 상태로 도피할 수도 있을 것이며, 환상의 영역으로 과도하게 흘러 들어가면 망상으로, 감각으로 흘러들어가면 환각으로 증상이 나타날 수도 있을 것이다.

따라서 앞서 언급한 바와 같이 자기애적 환자의 치료에서는 공격성을 외부로 돌리는 작업이 필수적이게 된다. 이는 의도적으로 공격성을 자극하는 것이기 보다는 공격성이 외부로 나오는데 방해가 되는 장애물을 다룸으로써, 인간이 본연에 가지고 있는 성장에 대한 본능의 길을 열어주는 것이라 할 수 있다. 만일 환자의 자아가 그것을 감당할만한 준비가 되지 못한 상태에서 공격성이 방출된다면, 그것은 환자의 자기애적 상처를 유발시키는 재외상경험retraumatization이 될 것이며, 이것은 치료를 더욱 지연시키는 결과를 낳게 된다.[56] 때문에 분석가는 환자의 자아의 성장에 대한 관심과 함께 그가 공격성을 사용하는 방향과 긴장 상태를 나타내는 여러 징후에 대해 잘 파악하고 있어야 할 것이다. 또한, 이와 동시에 저항으로서 공격성이 방출되는데 방해되는 장애물을 다루고, 환자가 공격성을 언어로 적절하게 표현하는 방법을 배우도록 하는 작업이 필요할 것이다. 이는 환자가 자아를 향하여 묶어둔 공격성의 양이 크면 클수록, 즉 증상이 깊으면 깊을수록 오래 걸릴 것이며, 스팟닛츠에 따르면 정신분열증의 경우 환자가 분석가에 대한 증오를 표현하기까지 5년에서 10년이라는 긴 시간이 걸릴 수도 있다.[57] 벤자민 마골리스Benjamin Margolis는 이것이 어마어마한 도전이며 임상적 정교함과 무한에 가까운 인간애를 요구한다고 말한다.[58]

자기애적 환자는 유아적인 과대자기와 전능감을 그 특징으로 하고, 자아의 자기와 대상 영역이 아직 분화되지 못하였거나 분화되었더라도 아주 미미한 수준에 있기 때문에, 자신과 타인(분석가)에 대해 비합리적이고 과도한 기대를 가질 수 있다. 이를 달리 말하면 자기와 타인을 과도하게 이상화하며, 또한 평가절하 할 수 있다. 데이비드 라플링David Raphling은 자신의 공격성을 방어적이고 피학적으로 분석가에게 투사함으로써 자신을 희생자라고 믿을 수 있었고, 공격적 복수를 위한 자격에 정당성을 부여하였던 온스타인Ornstein 박사의 환자를 소개한다. 환자는 분석가에게 치료에 대한 기대를 심어주었고, 환자를 치료하려는 분석가의 소원을 좌절시킴에 따라 분석가의 분노와 실망을 이끌어 낼 수 있었다. 환자는 분석가가 자신이 할 수 있는 것 이상을 기대했다고 비난 하였다. 이런 환자와 분석가 사이의 전이-역전이 현상은 환자의 내면에서 벌어지는 갈

등이 보이는 과대적인 특징이 그대로 분석 상황으로 실연된 것이라고 볼 수 있다.[59]

한편, 오스카 스턴바흐Oscar Sternbach는 프로이트의 이중 욕동 이론에 대한 새로운 해석을 내놓는다.[60] 그는 공격성이기 이전에 생명체 내에 존재하는 긴장의 증가와 감소라는 일차적 경향성에 집중하여 이중 욕동 이론을 재해석 하였다. 프로이트는 삶의 욕동이 긴장의 증가를 통해 생명체의 세포들을 붙잡아두고 통일 시키는 반면, 죽음 욕동은 내적 긴장을 감소시키거나 제거함으로써 생명체를 창조한 화학적 긴장들을 없애려 하며, 결국 그것이 생명체의 파괴와 죽음의 원인이 된다고 설명하였다.[61] 그러나 스턴바흐는 프로이트가 처음에는 에로스의 에너지를 리비도libido라고 부르는 것을 정당하게 생각했었기 때문에 여기에서 많은 혼란이 발생한다고 보았다. 즉, 이는 삶의 욕동이 사랑 혹은 리비도와, 죽음 욕동이 증오 혹은 공격성과 등치되는 경향이었다.

그에 따르면, 특정 행동의 성격은 에로스eros라 부를 수 있는 삶의 욕동 에너지와 타나토스thanatos라 부를 수 있는 죽음 욕동 에너지의 융합을 통해 그 경향성이 결정된다. 또한 여기에서의 융합이란 긴장의 증가와 감소, 붙잡고 놓아주고, 연결하고 분리하는 움직임들의 통합이며, 이들은 같은 목적을 향하고 있다. 그는 성행위를 예로 들며, 그것이 긴장의 증가와 절정 이후에 긴장의 감소라는 큰 패턴으로 진행 되지만, 실은 그 모든 과정은 작고 많은 긴장의 증가와 감소들로 이루어져 있다고 설명한다. 즉, 성행위의 시작에서 절정을 향하는 구간에는 타나토스보다 에로스가 우세하며, 작은 긴장의 방출과 좀 더 많은 긴장의 증가들로 이루어져 있고, 이때 긴장의 증가는 쾌락적으로 경험된다. 그러나 절정에서 긴장은 고통을 유발하고, 이때 타나토스는 에로스의 구속력을 압도하며 작은 긴장의 증가와 좀 더 많은 긴장의 감소로 이루어진 하향 곡선을 그리게 된다.

성행위의 예에서 확인할 수 있는 것처럼, 생명체, 혹은 각 개인은 각기 차이는 있을지라도 긴장이 특정 한계치를 넘어서는 순간이 있다고 볼 수 있다. 그 순간은 죽음 욕동을 끌어들이거나 작동시키는 것으로 볼 수 있으며, 긴장 방출의 리듬 혹은 그 양 또한 각 개인마다 차이가 있다고 볼 수 있다. 이는 죽음 욕동이 없다가 생겨나는 순간이라기보다는 두 욕동의 융합에서 죽음 욕동이 삶의 욕동을 압도하는 순간을 말하며, 달리 말하면 긴장의 증가와 축적의 정점에 긴장 방출을 향한 강한 욕구가 긴장을 보유하려는 본능을 압도하는 순간이 있다는 것을 시사하는 것이다.

긴장 방출의 형태는 흔히 공격적인 행동이라 여겨지는 적대적 혹은 파괴적 행동들뿐만 아니라 다양한 방식으로 나타날 수 있다. 성행위의 예를 계속해서 보면, 성적 긴장의 방출은 자가-성애적 행위를 포함하여 방출 행위를 위해 파트너를 어루만지고, 설득하고, 유혹하는 등의 행위를 통해 달성될 수 있다. 그러나 동시에 이를 한 극단에서 생각해보면 주체의 긴장 방출의 욕구가 강하고, 빠른 방출을 위한 그의 필요가 크면 클수록 방출에 저항이 되는 모든 장애물은 단숨에 제압될 수 있음을 생각해볼 수 있다. 이것은 거칠고 폭력적인 성행위뿐만 아니라, 스턴바흐에 따르면, 강간을 의미할 수도 있으며, 내적 · 외적 저항을 제거할 수 없는 경우 파괴와 살인이 될 수도 있다.

Ⅲ. 소설「나를 찾아줘」분석

여기에서부터는 지금까지 살펴본 정신분석 문헌들을 바탕으로 소설 「나를 찾아줘」의 주인공 에이미에 대해서 본격적으로 분석해볼 것이다. 앞서 문헌 연구에서 많은 학자들이 주장한 것처럼, 인간은 본래적으로 갖고 태어나는 원형적인 무의식적 환상들과 그에 따른 공격성이 있다. 분석은 이러한 공격성을 다룰 수 없었고 에이미의 생애 초기 박탈과 그에 따른 성격 형성과정, 그리고 그로 인해 재연되어온 사건들, 소설의 주요한 내용이 된 에이미의 사라짐과 살인 사건 속에 어떤 의미들이 들어있는지를 중심으로 살펴볼 것이다.

1. 소설 줄거리 및 주요내용

1) 줄거리

주인공 에이미는 남편 닉과의 결혼 5주년 기념일에 어디론가 사라진다. 그들이 함께 살던 집에는 유리 테이블이 깨지고, 의자가 널 부러진 채 대문이 열려있었다. 수사 경찰인 보니와 길핀이 출동하고 수사가 시작된다. 이와 함께 사라진 에이미를 찾기 위한 홍보 활동과 방송도 시작된다. 수사 과정 중 집 안에서 다량의 피가 쏟아졌다 닦아진 흔적이 발견되고, '단서 1'이라는 봉투가 발견되면서 수사의 진전과 함께 남편인 닉이 용의자로 의심을 받기 시작한다. 에이미는 매년 결혼기념일마다 집 안과 도시 곳곳에 단서를 숨겨놓고 닉이 그것을 찾고 알아맞히도록 함으로써 기념일을 기념하곤 했다. 그러나 이번에는 경찰과 함께 단서를 하나하나 찾아감에 따라 닉이 벌였던 불륜 행각에 대한 정황이 드러나기 시작하고, 에이미가 지금까지 써온 불행한 결혼 생활에 대한 일기가 발견되면서, 또 일기장을 통해 에이미가 임신했던 사실이 드러나면서 닉이 임신한 아내를 살해한 피의자가 아닌가 하는 의심은 증폭되게 된다. 여기에 이웃이던 노엘 호손이 방송에 출연하여 일기장의 내용들을 확증—에이미의 불행한 결혼 생활과 에이미의 임신 사실—해주는 증언들을 하게 되면서 닉은 미국 전역에 임신한 아내를 학대하고 결국 그녀를 죽인 소시오패스로 몰려가게 된다. 닉은 위기에 처하게 되자, 여론을 바꾸고 아내를 찾기 위해 전 재산을 들여 유명한 변호사인 태너 볼트를 고용하고, 방송에 출연하는 등 온갖 노력을 기울이게 된다.

에이미는 부모로부터 거액의 유산을 물려받고, 명문 대학인 하버드를 졸업했으며, 아름다운 외모로 많은 남자들의 사랑을 받고 많은 여자들의 부러움을 사는 그런 똑똑하고 사랑스러운 여성이었다. 작가로 활동했으며 신문과 잡지의 심리테스트 코너에 글을 기고하는 일을 하였다. 닉은 신문 기자로, 둘은 브

루클린에서 열린 작가들의 파티에서 처음 만나게 된다. 친절하고 유머러스한 닉과 똑똑하고 매력적인 에이미, 둘은 첫 만남부터 불꽃이 튀었고, 후에 에이미 부모의 책 신간 출간 기념회에서 재회하게 되면서 본격적으로 사랑에 빠지게 된다. 아동심리학자 부부인 에이미의 부모는 다섯 번의 유산과 두 번의 사산 후에 극적으로 에이미를 얻게 되었다. 그들은 에이미가 성장해 가는 중요한 시기마다《어메이징 에이미》라는 제목의 시리즈로 책을 냈고, 그 책은 시리즈가 출간 될 때마다 베스트셀러가 되었다. 이 날은 그 시리즈 중 스무 번째인《어메이징 에이미의 결혼식 날》의 출간 기념회였는데, 늘《어메이징 에이미》속의 에이미에 비해 한 발 늦었던 현실의 에이미는 마법처럼 나타난 닉과 더 깊이 사랑에 빠지면서 결국 그와 결혼하게 된다.

둘은 굉장히 만족스러운 결혼 생활을 이어나간다. 모든 일을 계획적이고 철저하게 하는 에이미는 침착하고 똑똑하고 재미있으며 복잡하지 않은, 고민하지 않고 행복한 사람[62] 닉이 좋았고, 약간의 마마보이와 같이 책임감이 부족했던 닉은 에이미의 꼼꼼하면서도 뭇 여성들과 다르게 타박하지 않고 모든 것을 이해해주는 쿨한 에이미가 좋았다. 그러나 얼마 후 두 사람은 경기불황으로 모두 실직하게 되면서 경제적으로 어려워지는 상황이 된다. 그러한 상황에서도 두 사람은 잘 이겨나가는 듯했으나, 닉의 어머니가 유방암에 걸리고 죽음이 임박하게 되면서 그녀를 돌보기 위해 오래도록 지내던 뉴욕을 떠나 미주리 주의 작은 시골이자 닉의 고향인 마을로 오게 되는 변화를 겪는다. 이때부터 둘의 관계에서도 조금씩 변화가 시작된다. 에이미를 대하던 닉의 태도는 완전히 변했고, 둘의 결혼 생활은 한순간에 무미건조하고 의무적인 관계가 된다. 그러던 중 에이미는 닉이 그보다 열 살 어리며 그가 가르치던 대학생 앤디와 불륜을 저지르고 있다는 사실을 알게 된다. 그러나 모든 것을 이해하고 쿨한 아내였던 에이미는 좋은 아내로서의 태도를 유지하기 위해 많은 노력을 기울였고, 불륜 사실을 알면서도 아무런 내색도 하지 않았다. 그러나 결국 본 소설의 시작점이자 사건이 시작된 결혼 5주년 날, 그녀는 남들이 보기에 자신이 살해당했다고 생각할만한 여러 단서들을 집 안에 스스로 만든다. 자신의 피를 뽑아 쏟았다가 지운 흔적을 만들었으며, 사건 당일이 되기 훨씬 전부터 평소엔 친하게 지내지도 않던 이웃집의 노엘 호손과 친하게 지내며 불행한 결혼 생활에 대해 알리고, 임신 중이었던 노엘의 소변을 변기에서 채취하여 자신이 임신을 한 것처럼 증거를 남긴다. 그리고 그녀는 사라진다. 사라져 은둔 생활을 하면서 그녀는 닉이 용의자로 몰리며 괴로워하고 고생하는 모습을 간접적으로 보면서 즐거워한다.

그녀는 먼 곳으로 떠나 자신의 이름이 아닌 낸시라는 가명을 쓰고, 머리를 짧게 자르고, 염색을 하고 안경을 쓰는 등 살해당한 것으로 알려진 자신의 존재가 드러나지 않도록 많은 노력을 기울인다. 그러나 은둔 생활 도중 그녀를 미심쩍게 여긴 이웃으로부터 배신을 당하고, 가진 돈을 모두 뺏기게 되면서 그녀는 위기를 맞는다. 이때 에이미는 고교 시절 애인이었지만 헤어지고 난 후에도 자신에게 집착했던 데시 콜링스에게 전화를 건다. 에이미의 실종 사건은 아직 미궁 속에 있었지만 이미 방송을 통해 많은 사람들에게 알려져 있었기 때문에, 데시는 자신에게만 연락을 해온 에이미에 대한 묘한 반가움과 함께 그녀를 받아들인다. 에이미는 결혼 생활에서 닉이 폭력적이었고, 그 때문에 아기가 유산되었으며, 자신을 죽이려 했기 때문에 도망칠 수밖에 없었다고 데시에게 털어놓았고, 데시는 그녀의 비밀을 지켜주기로 약속하고 인적 드문 곳에 있는 자신의 별장에 그녀를 숨겨주기로 한다. 데시는 에이미가 결혼한 이후에도 편지를 수차례 보낼 정도로 에이미에 대한 애정이 각별했다. 그는 엄청난 돈을 가진 부자였고, 여전히 에이미에 대한 미련이 남아 있었기 때문에 에이미를 기꺼이 받아들이고 숨겨줄 수 있었다.

에이미가 별장에 숨어 지내는 동안 닉은 미국 전역으로 방송되는 인터뷰 프로그램에 나와서, 자신의 불륜 사실을 밝히고 에이미에게 진정으로 용서를 구하면서 그녀가 돌아올 것을 부탁한다. 닉은 사건을 수사해가는 동안 일찍이 이 모든 것이 에이미가 꾸며낸 일이라는 것을 알고 있었고, 실은 용서를 구하는 마음보다 이런 황당한 일을 벌인 그녀에 대한 분노로 가득 차있었다. 하지만 에이미의 치밀한 계획으로 인해 만들어진 모든 증거들은 그가 용의자라는 것을 확증하고 있었고, 그녀의 시신을 찾지 못할 경우 자신은 미주리 주의 법에 의해 사형되거나, 평생 징역을 살아야 할지도 모르는 상황이었기에 그는 변호사와 상의 끝에 방송출연을 결심 했던 것이다. 여론은 그의 진정성에 손을 들어주기 시작했고, 그의 실수를 용서하고 에이미의 귀환을 기다리는 분위기가 되었다. 이런 닉의 노력을 보면서 에이미의 증오는 사랑으로 다시 돌아오게 되고, 목표를 달성했다는 생각에 돌아가야겠다는 마음을 먹기 시작한다.

> … 나는 내 과거의 인생으로 돌아가고 싶기 때문이다. 아니 내 과거의 돈과 '새로운 닉', '사랑하고 존경하고 복종하는 닉'이 함께하는 내 과거의 인생으로. 어쩌면 그는 이미 교훈을 얻었는지도 모른다. 어쩌면 그는 예전의 그로 돌아갈지도 모른다. 나는 공상에 빠져 있었다. … 데시의 저택에 갇힌 나는 공상에 빠질 시간이 많았다. 내가 공상한 것은 옛날의 닉이다.
>
> — 에이미 엘리엇 던 [63)]

그러나 떠나려는 암시를 하는 에이미에게 데시는 그녀를 보내지 않고 영원히 자신의 집에 머물게 하려고 한다. 에이미를 위한 모든 것이 아주 오래 전부터 준비되어 있었던 것 같은 그 저택에는 집안 곳곳에 CCTV가 설치되어 있었고, 모든 문은 잠겨 있으며, 보안 코드가 걸려있었고, 문을 열 수 있는 열쇠는 데시에게만 있었다. 데시는 에이미가 떠나게 되면 그녀가 닉에게 돌아가서 안전한지를 확인하기 위해 경찰에 연락할 수밖에 없을 거라며 그녀의 비밀을 폭로하려는 은근한 협박을 보낸다. 에이미는 탈출해야 했고, 돌아갔을 때 자신이 사라진 경위에 대해 모든 사람이 이해할 수 있을 만한 알리바이가 필요했다. 결국 에이미는 또 한 번 계획을 준비한다.

그녀는 와인병을 이용해 자신의 질을 여러 번 손상 시키고, 노끈을 손과 발에 여러 번 강하게 묶어 마치 오랫동안 묶여있던 것 같은 흔적을 만든다. 그리고 데시가 없는 동안 피 흘리고, 손상된 자신을 CCTV에 노출시킴으로써 이런 꾸며진 상황을 확증해줄만한 증거까지 마련한다. 그리고 그날 밤, 수면제가 들어있는 와인을 준비하여 데시가 선물한 속옷을 입고 그를 유혹하여 잠자리를 한 후 준비했던 칼로 그를 살해한다. 그리곤 데시의 차를 타고 그의 별장을 탈출한다.

많은 취재진과 사람들이 보는 앞에서 닉과 에이미 두 사람은 재회하게 되고, 사람들은 어려운 상황을 겪고 피투성이가 된 채 집으로 돌아온 용기 있는 에이미에게 환영과 존경을 보낸다. 또한 비록 불륜을 저질렀지만 자신의 잘못을 뉘우치고 그녀를 맞아들이는 닉에게 용서와 격려의 박수를 보낸다. 결국 이 사건은 어떠한 진실도 밝혀지지 않은 채, 고교시절부터 에이미에게 집착했던 데시가 에이미가 혼자 있던 틈을 타고 집에 찾아와 그녀를 폭행하고 납치하고, 강간했다가 에이미가 가까스로 탈출한 사건으로 마무리가 된다.

에이미가 돌아온 후 계속되는 결혼 생활에서 닉은 살아남기 위해 에이미가 **원하는** 사람이 되어야 한다고 생각하게 된다. 에이미도 그것이 닉의 본 모습이 아니란 것을 알지만 계속해서 닉이 그런 모습으로 있어주기를 원한다. 그렇게 하지 않으면 닉은 또 다시 에이미가 촘촘하게 쳐놓은 덫에 걸려 어떤 신세가 될지 모르며, 어쩌면 자신의 목적을 달성하기 위해 고교 동창을 죽인 살인자 아내로부터 죽임을 당할지도 모르기 때문이다.

> 사랑에는 조건이 없다고 들었다. 모두가 그것이 규칙이라고 말한다. 하지만 사랑에 경계도, 한계도, 조건도 없다면 그 누가 옳은 일을 하려고 애쓰겠는가? 내가 무슨 일이 있어도 사랑받는다는 걸 안다면 도전은 어디에 있겠는가? 나는 닉의 모든 결점에도 불구하고 그를 사랑해야 하고 닉은 나의 모든 기벽에도 불구하고 나를 사랑해야 한다. ... 사랑은 많은 조건을 요구해야 한다. 사랑은 두 사람 모두에게 언제나 최고의 자신이 되라고 요구해야 한다. 조건 없는 사랑은 극기심이 없는 사랑이며, 우리 모두가 보았듯이, 극기심 없는 사랑은 재앙이다.
>
> — 에이미 엘리엇 던 [64)]

모든 사건이 마무리 되고 과학적이고 엄정한 수사를 진행해왔음에도 아무 것도 밝혀내지 못한 형사 보니와 닉의 쌍둥이 여동생 마고, 그리고 닉은 틈 날 때마다 모여서 진실을 밝힐 수 있을 방법에 대해 논의하고, 닉이 어떻게 하면 그녀로부터 벗어날 수 있을지 얘기한다. 하지만 시간은 계속해서 흐르고, 그러던 어느 날 에이미는 닉에게 자신이 임신을 했다는 것을 알린다. 그녀가 돌아온 후로 한 번도 함께 잠자리를 가진 적이 없었던 닉은 에이미가 자신의 아이를 임신한 것이 사실이라는 것을 알게 되면서 자신이 절대 에이미의 손에서 벗어날 수 없을 것이라는 것을 깨닫게 된다. 그리고 자신 또한 에이미가 아닌 평범

한 다른 여자와 살 수 없을 것이라는 것을 떠올리고, 어쩌면 자신도 그가 말하기를 **마약이나 술 또는 포르노와 같은**[65]에이미와의 결혼 생활을 원하고 있는지도 모르겠다고 생각하게 된다. 그는 스스로 에이미가 원하는 사람이 되면서 그리고 그녀의 머릿속에서 어떤 생각들이 어떤 일들이 벌어지고 있을지 늘 불안해하고 계산하며 그에 맞추어 살아가기 시작한다.

> 그리고 아내의 머릿속을 생각한다. 그녀의 생각. 그녀의 뇌, 그 속의 수 많은 신경 고리, 그 고리 내부를 광란의 속도로 오가는 지네 같은 생각. 마치 아이처럼, 나는 그녀의 두개골을 열고 머릿속을 이리저리 헤집으며 그녀의 생각들을 잡으려고 애쓰는 내 모습을 상상한다. 에이미, 무슨 생각 하고 있어?
>
> — 닉 던[66]

2) 반복되어온 에이미의 패턴

닉은 에이미의 행방을 추적해가는 과정에서 그녀와 어떤 사건들로 연루되었던 예전의 세 사람에 대한 의문을 품게 된다. 그는 그들을 찾아가거나 전화를 통해 그 당시의 일에 대한 이야기를 듣게 된다.

토미 오하라

토미는 2005년 5월(닉이 에이미를 처음 만나고 연락이 안 됐던 8개월 사이) 에이미를 강간한 죄로 기소되었다. 토미는 에이미를 한 파티에서 만났고, 그는 유쾌하고 기묘하고 쿨한 에이미와 사랑에 빠졌다. 그가 느끼기에 자신은 인기가 없었기에 그렇게 멋진 에이미가 자신과 사랑에 빠진 데는 어떤 함정이 있을 거라고 생각하기도 했다. 두 사람이 데이트를 시작하고 서너 달 정도가 지나고 난 다음 토미는 에이미에 대해 다음과 같이 기억한다. "그녀는 재미있는 것들을 인용할 수 있었지만 사실은 재미있는 것들을 좋아하지 않았어요……."[67)]

에이미가 자신이 정말로 재미있게 생각하는 것들을 추구하는 것이 아니라, 그것들을 즐기는 척하며 지냈기 때문에, 그들이 사랑에 빠진 기간은 그리 오래가지 못했다. 그 후로 토미는 자신의 유머가 그녀를 즐겁게 할 수 없었고 그녀 또한 토미가 웃는 것을 별로 좋아하지 않았기 때문에, 토미는 에이미와의 만남을 피하려고 변명을 하기 시작했고, 나중에는 에이미 몰래 다른 여자를 만나게 된다. 토미가 다른 여자를 만난 지 한 달쯤 된 어느 날, 에이미는 토미의 아파트로 찾아온다. 그날 밤의 에이미는 완전히 예전의 재밌고 유쾌한 에이미로 돌아가 있었고, 토미를 흥분시켰으며, 둘은 즐거운 시간을 보내고 잠자리도 함께 한다. 아무 것도 문제 삼을 것 없이 그 날이 지나갔다.

그러나 얼마 후 경찰 두 명이 토미의 아파트에 들이닥친다.

그들이 말하길, 그들에게 찾아온 에이미에게 성폭행 응급 키트를 사용해야 했고, 그녀에게 강간 때문인 것으로 추정되는 상처들과 양 손목에 묶였던 흔적들이 있었다고 했다. 경찰들이 토미의 집을 수색한 결과 침대 매트리스 밑에서 넥타이 같은 끈 두 개가 발견되었고, 그것은 에이미가 묶였던 자국과 일치했다. 그렇게 그는 강간범으로 몰려 철창신세를 질 위기에 처하지만, 그 후 에이미는 토미에 대한 소를 취하 하였다. 그리곤 보름쯤 지났을 때 토미는 컴퓨터로 작성된 익명의 편지를 받았다. 거기에는 "다음에는 두 번 생각하는 게 좋을 거야"라고 적혀있었다. 그는 에이미를 고소하기는커녕, 그녀와 더 이상 만나지 않게 된 것만으로도 기뻤다고 닉에게 말한다.

힐러리 핸디

힐러리는 고등학교 1학년 때 멤피스로부터 에이미가 있는 윅셔로 전학을 오게 된 여학생이었다. 그녀는 그곳 아이들의 은어와 옷, 헤어스타일 등에 대해 너무 낯설었고, 안정감을 느끼지 못했다. 반면 모든 아이들은 이미 《어메이징 에이미》를 읽으면서 자라났고, 에이미는 그곳에서 '더 걸The Girl'로 통하고 있었다.

얼마 후 에이미는 힐러리에게 흥미를 보이기 시작했고, **자신은 어메이징 에이미이기 때문에 힐러리는 자신의 조수 수지**라고 부르며 농담을 한다. 실제로 힐러리는 에이미가 목이 마를 때 마실 것을 구해주고, 깨끗한 속옷이 필요하면 갖다 주기도 하는 시녀 역할을 하며 친구 관계를 이어나간다. 둘은 대단한 우정처럼 보였으며 언제나 함께 다니며 그렇게 시간이 지나갔다. 그러다 에이미의 신경을 건드린 것으로, 나중에야 알게 된 몇 가지 사건이 일어난다.

힐러리는 언젠가 결연을 맺은 학교들 간의 가을 무도회에서 에이미와 함께 남학생 한 명을 만나게 되었는데, 그 학생은 다음날 에이미가 아닌 힐러리에게 전화를 걸어 호감을 표현했다. 또한 얼마 뒤 나온 중간고사 성적에서 힐러리의 성적이 에이미의 것보다 아주 조금 앞서는 결과가 나온다. 그 일이 있고 얼마 지나지 않아서는 여자 친구 하나가 에이미가 아닌 힐러리에게 자신의 가족과 추수감사절을 함께 보내자고 초대를 해오는 일이 있었다. 힐러리는 이런 일들을 두고 확신하기를, 에이미가 사람들을 겁먹게 하기 때문에 그런 결과가 나왔을 것이라고 말한다. 즉, 에이미는 함께 있기에 편한 사람이 아니었으며, 늘 그녀를 감동시켜야 한다는 기분이 들게 했다는 것이다. 힐러리는 이런 일들을 겪는 동안 아주 조금이나마 에이미가 뭔가 변했다고 느꼈고, 그녀가 정말로 짜증나있다고 느꼈다.

에이미는 그 마음을 인정하는 대신 힐러리로 하여금 이런 저런 일을 하도록 만든다. 에이미는 힐러리의 머리카락을 자신처럼 금발로 염색해주었고, 그녀에게 자신의 부모에 대한 불평을 늘어놓았다.

그들이 자신을 이상형으로만 사랑하고 진짜 자신은 사랑하지 않는다고 했어요. 그래서 부모님을 괴롭히고 싶다고 했죠. 그 앤 내게 자기 집에 장난 전화를 걸어 그 애 부모님에게 내가 새로운 '어메이징 에이미'라고 말하게 했어요. 우린 가끔 주말에 기차를 타고 함께 뉴욕으로 갔어요. 에이미는 내게 자기네 집 밖에 서 있게 했죠. 한번은 나더러 자기 엄마에게 뛰어가서 내가 에이미를 없애버리고 그녀의 새로운 에이미가 될 거라는 둥, 그런 헛소리를 하라고 시켰어요.

—힐러리 핸디[68)]

에이미는 힐러리 핸디를 시켜 자신의 어머니에게 팔짱을 끼곤 이렇게 말하게 했다. "이제 내가 당신의 딸이 될게요. 난 에이미를 죽이고 당신의 새로운 에이미가 될 거예요. 당신은 그래도 개의치 않을 거니까요. 그렇죠? 당신은 어떤 에이미든 에이미이기만 하면 되잖아요."

—닉 던[69)]

휴대전화나 사이버 왕따가 없던 당시에 여학생들끼리는 그런 일들을 하면서 놀았다고 한다. 즉, 그것은 명백히 바보 같은 장난이었기 때문에, 누가 더 대담하고 별난지를 경쟁하는 것 같은 일종의 놀이였다.

그런 일이 있은 후, 에이미는 힐러리와 냉랭하게 거리를 두기 시작했고, 힐러리는 자연스럽게 잘나가던 무리로부터 퇴출되었다. 그러던 어느 날 에이미는 발목이 삐고 팔이 부러지고,

온몸에 상처가 나는 끔찍한 사고를 당한다. 에이미는 높은 계단에서 굴러 떨어졌는데, 그녀가 주장하기를 힐러리가 자신을 밀었다고 하였다. 이는 힐러리가 자신에게 집착해왔고, 자신의 수지가 되고 싶어 했는데, 그런 다음엔 수지가 되는 걸로는 성에 차지 않아서 나중에는 에이미가 되려고 했다는 것이다. 뒤늦게 힐러리가 억울함을 주장하기에는 에이미의 이런 증언을 뒷받침해주는 많은 증거들이 있었다. 그녀의 머리는 에이미처럼 염색되어 있었고, 에이미와 어울리는 옷들을 요 몇 달 동안 샀으며, 그 당시엔 장난이었지만 실제로 에이미의 부모에게 가서 직접 자신의 입으로 "에이미를 없애고 자신이 새로운 에이미가 될 것"이라는 말들을 했으니 말이다. 에이미의 친구들은 그동안 자신들이 힐러리를 얼마나 무서워했는지 증언하기 시작했다. 힐러리에게는 에이미에 대한 접근 금지령이 주어졌고, 나중엔 떠나온 멤피스로 돌아가야 했다. 그러나 이때쯤 됐을 땐 힐러리 또한 그러고 싶었다고 한다. 그리고 나중에 힐러리에게도 역시 컴퓨터로 친 익명의 편지가 도착했는데, 그것은 힐러리가 에이미를 실망시킨 것에 관한 목록이었다. 이는 실제로 힐러리가 예상했던 것들과는 다른 것들이었다.

'영어 시간이 끝난 뒤에 자기를 기다리는 일을 잊은 것, 두 번.
자기한테 딸기 알레르기가 있다는 걸 잊은 것, 두 번.' [70]

데시 콜링스

닉은 에이미가 자신에게 고교 동창이자 당시 애인이었던 데시 콜링스에 대해 얘기해주었던 것을 회상한다. 그녀의 말에 의하면, 에이미와 데시는 1년 동안 꽤 진지하게 만났지만, 에이미는 어느 순간부터 데시가 위험하다는 생각을 하기 시작했다. 데시는 에이미와 약혼이라도 한 것처럼 말 했으며, 두 사람이 낳을 아이의 숫자와 성별까지도 알고 있는 것처럼 말했다고 하였다. 그들이 네 명의 자녀를 낳을 것이며, 넷 다 아들이라고 했다는 것이다. 수상하게도 그 구성은 데시의 가족 관계와 비슷한 것이었다. 데시가 자신의 어머니를 에이미에게 소개시켜주었을 때, 에이미는 자신과 놀랄 만큼 닮은 그 부인을 보고 메스꺼움을 느꼈다고 하였다. 재클린이라고 하는 이 부인은 에이미의 뺨에 싸늘하게 입을 맞추며 차분한 목소리로 "행운을 빌어"라고 속삭였고, 에이미는 그것이 경고인지 협박인지 알 수 없었다고 하였다.

그 후 에이미는 데시와 절교를 선언하였지만, 데시는 에이미가 있는 웍셔 캠퍼스 주변을 맴돌았다. 그 모습은 거무스름한 블레이저를 입은 유령 같은 모습이었으며, 그가 겨울이라 잎이 다 떨어진 떡갈나무에 기대어 서 있곤 하였다고 에이미는 말하였다. 2월의 어느 밤, 댄스파티에서 돌아온 에이미는 데시가 약을 아주 약간 과용하고 정신이 혼미한 상태로 벌거벗은 채 자신의 침대 이불 위에 누워 있는 것을 발견했다고 하였다. 그 일이 있은 후 데시는 학교를 떠났다.[71)]

에이미를 통해 닉이 전해들은 이 이야기는 사실의 진위를 알기 힘들다. 닉은 에이미가 사라진 후 토미와 힐러리를 만나기 전에 데시를 찾아 갔다. 닉이 직접 만난 데시의 이미지는 에이미가 말한 유령의 이미지와는 달랐다.

> 그는 흠잡을 데 없는, 남색과 크림색이 섞인 옷을 입고 있었다. 구두끈까지 다림질을 한 것 같았다. 그는 자신의 복장을 완벽하게 소화하고 있었다. 그는 내가 바랐던 대로 겉멋 든 멍청이가 아니었다. 데시는 신사의 정의 그 자체 같았다. 위대한 시인을 인용하고, 희귀한 스카치를 주문하고, 여자에게 제대로 된 빈티지 보석을 사줄 수 있는 남자. 실제로 그는 태어날 때부터 여자들이 원하는 것을 아는 남자처럼 보였다.[72)]

그러나 닉이 실제로 만난 데시의 어머니 재클린은 에이미가 말한 것처럼 에이미의 이미지와 놀랍도록 닮아 있었고, 그녀와 비슷한 매력을 지니고 있었다. 닉의 말에 따르면 재클린은 "흐릿해진 에이미, 김 서린 거울 속의 에이미 같았다. … 하지만 25년은 더 늙었고, 살과 이목구비 모두 질 좋은 천처럼 약간 빛이 바래" 있었다.

데시 콜링스에 관한 이런 증거들은 반복되는 에이미의 패턴을 보기 위해 앞서 살펴본 토미 오하라와 힐러리 핸디의 경우와는 조금 달라 보인다. 동시에, 닉에게 한 에이미의 말이 사실이었는지가 불분명하다(소설의 다른 부분들은 이에 관해 명확한 답을 주지 않는다). 한편으로는, 소설의 후반에서 에이미를 구속하려드는 데시의 특징에서 볼 수 있듯, 데시 또한 보통 인물로 보이지는 않는다. 때문에 두 가지 가능성을 생각해 볼 수 있다.

a) 에이미의 말이 사실인 경우: 앞선 사례들과는 다르게 데시는 에이미를 전혀 실망시키는 일이 없었지만, 에이미는 그런 데시의 모습에 구속감을 느꼈을 것이다. 그리고 그런 집착하는 데시가 실제로 에이미가 보란 듯이 자살시도를 했을 것이다.
b) 에이미의 말이 사실이 아닌 경우: 데시가 에이미를 실망시키는 일이 발생했고, 앞선 사례들에서처럼 에이미가 사건에 관한 모든 알리바이를 만들어 놓고, 데시가 실제로 자신에게 집착하고 자살 시도를 했던 것처럼 꾸며내었다.

확실한 증거가 없기 때문에 두 가지 가능성을 모두 안고갈 수 있으나, 소설의 정황과 분위기상 진실과 거짓이 혼재된 또 다른 가능성 c)를 가정해볼 수 있다. 이는 데시가 에이미에게 어떤 이유에선지 부담을 주었고, 자신에게 집착하는 그를 떼어내기 위해 거짓 상황(데시의 자살시도)을 만들어 냈을 가능성이다. 이런 경우, 데시의 어머니 재클린이 에이미와 유사한 느낌을 주는 것으로 묘사한 작가의 힌트를 빌어, 데시와 에이미의 관계는 프로이트가 「나르시시즘 서론」(1914)에서 말한 자기애적 사랑-대상 선택의 유형 중 부모-의존 유형에 해당하는 것으로 가정해볼 수 있을 것이다. 즉, 부모의 사랑 방식이 병리적이었고, 고통을 유발했음에도 불구하고 그런 방식이 익숙하기 때문에 사랑-대상을 선택할 때 부모와 유사한 인물을 선택한다는 것이다. 그렇게 되면, 에이미가 나중에 데시를 찾아간 것과 데시를 살해하고 그의 집을 탈출하는 것은 에이미가 자신의 어머니에 대해 가진 왜곡된 환상이 여기에 개입되었을 것이라는 해석으로 길을 열어줄 수 있게 된다.

2. 에이미를 중심으로 한 소설 분석

소설은 닉의 생각과 에이미의 생각을 번갈아가면서 쓰였으며, 크게 3부로 구분된다. 닉의 부분은 에이미가 사라진 날부터 그 이후로 닉이 에이미를 찾기 위해, 그리고 사건을 해명하기 위해 노력해온 과정을 담고 있다. 에이미의 부분은 그녀가 사라지기 전까지 닉과 만나서 연애하고, 결혼한 뒤의 생활에 대해서 적고 있는 에이미의 일기와 그녀가 사라지고 난 뒤 실제로 어떤 일들을 했는지를 담고 있는 부분으로 나뉜다. 에이미는 스스로 이 일기에 대해 허구로 적은 것—여기에는 결혼 생활이 얼마나 비참했는지를 기록하였다—이라고 말하는데,[73] 이는 훗날 일기가 우연을 가장하여 경찰에 발견되게 함으로써 닉을 자신을 살해한 범인으로 몰고 가려는 주도면밀한 계획이었다. 일기는 이런 계획의 일환으로 지난 8년간의 일들에 관하여 1년 동안 거짓으로 작성한 것이기에 에이미의 일기 부분을 읽을 때에는 어디서부터 어디까지가 사실이고 어떤 것이 허구인지를 구분하기가 모호해진다. 만일 이를 구분해낼 수 있다면(혹은 구분할 수 없다할지라도), 그녀의 일기가 아무리 의도를 담아 계획적으로 쓴 것이라 할지라도 여기에는 에이미의 무의식적 환상이 개입되기 때문에 그녀의 무의식이 작동하는 방식과 그녀가 어떤 환상을 갖고 있는지 파악할 수 있을 것이다.

1) 출생과 양육과정에서의 외상: 멸절 불안과 조적 방어, 가혹한 초자아

에이미의 어머니 메리베스는 에이미가 태어나기 전에 다섯 번의 유산과 두 번의 사산을 겪었다. 에이미는 이런 일이 1년에 한 번씩 가을 마다 계절 행사처럼 벌어졌다고 일기장에 쓰고 있는데, 그녀의 부모는 임신을 할 때마다 아이가 살아서 태어나기를 바라는 마음을 담아 **희망**이라고 태명을 지었다. 이제 그만 포기하라는 의사의 권유가 있었지만, 에이미의 부모는 포기하지 않았고, 마침내 에이미가 태어났다. 에이미가 태어나고 이틀이 지날 때까지도 그녀의 부모는 아기에게 이름을 지어주지 않았다. 정말로 이 아기가 계속 살아있을까 하는 의문 때문이었다. 그래서 메리베스는 아침마다 간호사가 병실 문을 열고

들어오는 소리를 들으면 간호사를 쳐다보지도 않은 채 "아이가 아직 살아 있나요?"하고 묻곤 했다.

아기가 계속해서 살아있자 부모는 에이미라고 이름을 붙였는데, 이는 아주 평범하고 흔한 이름이었다. 그렇게 한 것은 에이미라는 이름이 그 해에 태어난 수많은 다른 여자아기들에게도 붙여진 이름이기 때문에, 다른 아기들과 섞여 누워 있을 때 신들이 알아보지 못할 거라는 생각 때문이었다. 에이미는 자신이 1퍼센트도 안 되는 생존율로 흔적도 없이 사라질 위기를 극복한 아기였기 때문에 특별하다는 자부심을 느끼며 자라났다고 말한다. 또한 에이미는 태어나는 과정에서 자신이 어머니의 자궁을 손상시켰다고 생각했고, 이 때문에 어머니가 다시는 아기를 가질 수 없게 되었다고 생각했는데, 이런 사실은 에이미에게 생생한 기쁨을 느끼게 하였다. 그 후로도 메리베스는 또 다시 임신을 했지만 아기들은 태어나자마자 죽었고, 이로 인해 그녀는 침울하고 멍하게 생각에 잠긴 날들이 많았다. 그 때마다 에이미는 메리베스의 무릎 위로 기어오르거나, 크레파스로 그린 그림을 그녀의 얼굴에 들이밀거나, 학교에서 보내준 부모 동의서를 갑자기 기억해 내서 그녀의 관심을 끌려고 노력했다.[74)]

에이미는 모든 사건의 발단에 대해 말하기에 앞서 자신이 태어나기 전, 그리고 자신이 뱃속에 있는 동안 어머니에게 있었던 일들과 당시 자신의 느낌에 대해 회상하고 있다. 이는 에이미가 계획한 사건이 닉에 관한 것이기 이전에 그녀의 어머니와 관련된 것이며, 당시에 겪은 출생에서의 외상과 양육과정에서 형성된 성격 특성이 본 사건에 근본적인 영향을 끼치고 있음을 스스로 암시하고 있는 것이라 할 수 있다. 에이미가 자신의 유아기에 대해 말한 것은 그저 스스로 만들어낸 환상에 불과한 것이 아닐까? 아기를 임신한 어머니의 우울과 불안이 뱃속의 아기에게 영향을 끼칠 수 있는 것인가?

미리암 슈제이Myriam Szejer는 이런 일이 가능하다고 말한다. 그녀에 따르면, 아기들에게도 출생 이전의 삶이 있으며, 신생아들에게도 그들만의 역사가 있다. 또한, 그녀에 따르면 아기는 탯줄이 잘리고 배꼽이 닫히게 되는 순간에 입을 연다. 이때 중요한 것은 아기의 목소리와 타자(어머니)의 목소리이며, 두 사람의 말과 시선의 교환을 통해 아기는 어머니의 몸에 속한 것이 아닌 또 하나의 정신과 신체로 세상에 태어나게 된다. 즉 목소리는 탯줄을 자르는 것 이상으로 아기에게 생명을 불어 넣는 역할을 하며, 아기에게 이름을 부여하고, 구별하고, 그의 신체를 기념하는 역할을 한다.[75] 태어났을 때 이름 불리워지지 못하고 어머니의 목소리와 시선을 받지 못한 에이미는 신체적으로는 태어났으되, 정신적으로는 아직 태어나지 못한 채 어머니 정신의 탯줄에 연결되어 그녀의 일부분으로 존재하고 있다고 할 수 있을 것이다.[76]

한 편, 우울한 어머니 메리베스의 관심을 끌기 위해 애쓰는 에이미의 모습은 마틴 제임스의 사례에서 자신의 형제들의 죽음으로 슬픔에 빠진 어머니로 인해 때 이르게 모성적 기능을 떠맡아야 했던 어린 환자를 떠올리게 한다. 연민과 염려, 대상의 회복이 주된 이슈인 우울적 자리로의 때 이른 이행에서 주체는 대상과의 조숙하고 과장된 동일시를 보인다. 우울한 어머니의 기분을 회복시키고, 그녀를 살리려는 에이미의 노력은 메리베스의 기대와 상응하면서 '어메이징 에이미' 시리즈를 탄생시킨다.

에이미가 자신이 태어나기 전에 죽은 7명의 **희망들**에 대한 우월감과 동시에, 자신이 어머니의 자궁에 상처를 입혔기 때문에 더 이상 아이를 낳을 수 없게 되었을 때 느꼈다고 하는 생생한 기쁨은 우울적 자리에서의 방어기제인 **조적 방어**의 특성으로 볼 수 있다. 우울적 자리로의 조숙한 이행, 어머니에 대한 조숙하고 과장된 동일시, 그리고 조적 방어로 인해 에이미는 어린 자신을 발달적으로 애도할 수 없었고, 동시에 유아기 초기 가학성은 다뤄지지 않은 채 무의식 속에 묻어두는데 성공한 것으로 보인다. 그것은 적어도 부모의 모교인 하버드를 졸업하고 직업을 갖고 결혼을 하는, 이른바 **발달 과업**을 성취하는데 까지는 자신의 **어메이징** 함을 유지할 수 있었기 때문에 가능한 것이었다. 그러나 경기 불황과 실직, 부모의 재산 손실, 태어나고 자란 뉴욕을 떠나 미주리의 작은 시골로의 이사, 남편의 불륜은 자신의 **어메이징** 함에 흠집을 내기 시작하고, 억압되었던 다뤄지지 않은 원시적 공격성은 그 얼굴을 들기 시작한다.

자기self의 취약함으로 인해 리비도의 방향을 자신에게로 돌린 채, 일종의 껍질처럼 그것을 보호하기 위한 완벽한 내적 질서와 틀을 갖춘 자기애적 인격자에게 **흠집**이란, 정신적 생존을 위협하는 큰 충격이다. 이는 모든 사건의 발단이 된다. 공격성은 인격적 성숙에 따라 여러 수준에서 발생한다. 그것은 미성숙 단계에서의 폭발적인 격노 반응으로부터 대상을 상실하는 것에 대한 염려가 포함된 짜증에 이른다. 즉 인격의 발달이 덜 성숙하면 덜 성숙할수록 좌절 시 일어나는 내적인 긴장을 견딜 수 없고, 이로 인해 그 크기는 더 폭발적이 된다. 에이미가 경험한 완벽함에 대한 흠집은 내면에 폭발적인 긴장을 형성하고, 어떻게든 이것을 다루어야 하는 내적 역동이 발생하는데, 이것이 바로 사라짐과 닉을 궁지로 몰아가는 사건 계획의 원동력이 되었다고 볼 수 있다.[77]

에이미는 어머니의 자궁을 손상시켰다고 하는 환상을 갖고 있다. 이는 유아에게 생명의 원천이자 우주라 할 수 있는 어머니의 몸을 자신이 손상시켰다고 생각하는 전능적 환상이다. 메리베스가 만일 우울하지 않았더라면, 그래서 에이미를 반영해 줄 수 있고, 그녀의 공격성을 담아줄 수 있었더라면 가학-박해 환상은 수정될 기회를 가졌을 것이다. 유아의 생존은 성숙하여 어머니와 물리적, 정서적으로 분리될 수 있기 까지 처음에는 전적(절대적 의존)으로, 그러다가 차츰 덜한 정도(상대적 의존)로 어머니에게 달려있다. 어린 에이미는 생존을 위해 메리베스를 보호해야 했고, **나쁨**의 영역을 자신에게로 돌려야 했다. 이렇게 하여 가학적 전능 환상→박해 불안 및 죄책감→조적 방어(대상에 대한 승리감과 우월감)라는 하나의 사이클은 완성된다.

에이미의 승리감과 우월감, 동시에 열등감과 박해감의 대상들은 이전에 태어나지 못했거나 태어나자마자 죽었던 7명의 **희망들**, 그리고 자신이 태어난 후 죽은 아이들, 즉 환상적 대상들에게로 덧입혀진 것으로 보인다. 또한 삶에 대한 피로와, 죽음을 완벽한 것으로 이상화하는 생각은 겉으로 드러나지는 않았지만 그녀의 내면 깊은 곳에 드리워진 죽음 욕동의 존재를 암시한다. 어린 에이미에게 찾아드는 불안은 이제 막 세상에 나온 아기에게 있어서 기괴한 대상들이 존재하는 아직 이름 지워지지 않은 극심한 불안이다. 이는 클라인이 멸절 불안이라 부른 것으로, 죽음 욕동이 지배적인 이러한 불안은 극단적인 경우 마치 나르키소스가 연못에 비친 자신의 모습을 바라보느라 스스로 죽어갔던 것처럼 갓 태어난 아기가 아무 것도 먹지도 울지도 않은 채 스스로를 방치하여 죽음에 이르게 하는 경우로 나타나기도 한다.

> 나는 언제나 '희망들'보다 우월했다. 나만이 살아남는 데 성공했으니까. 하지만 그러면서도 죽은 일곱 명의 춤추는 공주들에게 늘 질투를 느꼈다. 그들은 아무런 노력 없이, 존재의 순간과 단 1초도 직면하지 않고 완벽해졌다. 반면 나는 이곳, 세상에 갇혀 매일매일 노력해야 했고, 그 매일은 늘 완벽에 이르지 못했다. 그렇게 사는 건 지치는 일이다. 서른한 살까지 나는 그렇게 살았다. [78)]

한편, 이쯤해서 에이미의 부모에게로 눈을 돌려볼 수 있다. 왜 그들은 그만 포기하라는 의사의 만류에도 불구하고 아이를 낳아야만 했는가? 그리고 왜 에이미를 낳은 후에도 또 아이를 낳으려고 했는가? 아이를 낳으려는 소망, 아이를 더 낳고 싶은 소망은 이해할만한 것이라 할 수 있을 것이다. 그러나 여기에는 반드시 이 일을 이뤄야하는 절대적인 필요가 그들에게 있는 것처럼 보인다. 만일 그들의 계획이 부부의 사랑의 결실로 하나의 생명을 탄생시키는 것에 초점이 맞추어져 있었더라면, 에이미가 태어난 것만으로도 기쁘고 감사한 일일 것이다. 그러나 에이미의 부모는 에이미가 태어나고 이틀이 지나도록 그것을 믿지 못했고, 이름조차 짓지 않는다.

프로이트는 「나르시시즘 서론」(1914)에서 "자녀들에 대한 부모의 애정 어린 태도가 그들이 이미 오래 전에 포기했던 그들 자신의 나르시시즘을 다시 부활시키고 재현시키는 행위라는 것을 인정하지 않을 수 없다"고 하였다. 즉, "부모는 그들이 자신의 나르시시즘적 태도를 억제하면서까지 어쩔 수 없이 존중해 왔던 전통 문화의 습득도 자식들에게는 유보하며, 그들 스스로가 오래 전에 포기했던 모든 특권을 자식에게 다시 부여" 하고, 자녀를 통해 "그들이 이루지 못한 꿈을 이루려 한다"는 것이다.[79] 랜드와 메리베스는 **출산**이라는 도구를 통해 자신들의 어떤 완벽한 꿈을 이루려고 했던 것으로 보인다. 또한 자녀를 양육하는 것에 대한 자신들의 완벽한 기준을 충족시키기 위해 에이미를 자기애적 복제품으로 생각했던 것으로 볼 수 있다.

랜드와 메리베스가 어떤 완벽을 추구했는지 그들의 깊은 내면까지는 소설 속에 자세하게 나오지는 않는다. 그러나 그들이 에이미에게 간접적이지만 강력하게 요구하는 '어메이징 에이미'라는 기준을 통해 그 내막을 엿볼 수 있으며, 에이미의 시각에서 본 그들의 자기애적인 특성과 그들에게 느끼는 에이미의 잠재적인 분노는 소설의 곳곳에서 찾아볼 수 있다.

> 나의 부모는 내가 (어메이징) 에이미를 지나치게 개인적으로 받아들일까 봐 항상 걱정했다. 두 사람은 언제나 나에게 에이미에게 너무 큰 의미를 두지 말라고 말한다. 그럼에도 불구하고 나는 무슨 일을 망칠 때마다 에이미는 그러지 않는다는 사실을 떠올리지 않을 수 없다. 열두 살 때 내가 결국 바이올린을 그만뒀을 때, 다음 책에서 에이미는 신동인 것으로 밝혀졌다. 열여섯 살 때 내가 주말에 친구들과 해변에 놀러 가느라 청소년 테니스 선수권 대회에 나가지 않았을 때, 에이미는 경기에 다시 전념했다. 그것은 나를 미치게 만들었지만, 하버드 입학으로 집을 떠나게 된 후('에이미'는 물론 엄마 아빠의 모교를 선택했다) 나는 이 모두가 지독하게 우스꽝스럽다는 생각이 들었고 더는 그것에 대해 생각하지 않기로 결심했다. 아동심리학자 부부인 나의 부모가 자식에게 그토록 구체적이고 공개적인 방식으로 소극적인 공격을 감행한 것은, 미친 짓일 뿐 아니라 어리석고 기괴하고 조금은 웃기기까지 한 일이라고. 내버려두자고.[80]
> (…)

> 엄마 아빠는 아직도 상기된 얼굴로 더할 나위 없이 주최측답게 행동하고 있다. 이를 드러낸 채 선사시대의 괴물 물고기 같은 미소를 짓고 있는 아빠와, 닭처럼 명랑하게 고개를 까닥거리고 있는 엄마. 그들은 깍지를 끼고, 서로를 웃게 하고, 서로를 즐기고, 서로로 인해 너무나 행복하다. 그리고 나는 생각한다. 난 죽을 만큼 외로운데. [81)]

여기에서 에이미의 부모가 에이미와 의사소통하는 방식은 의사소통의 가장 원시적인 형태인 투사적 동일시라는 것을 볼 수 있다. 그들은 잔소리하지 않는 부모로서의 고고한 이미지는 유지하면서도, 간접적으로 에이미를 압도하고, 조종하고, 통제하는데 능숙한 모습을 보인다. 동일 제목의 영화에서는 그 이미지를 아주 잘 표현했는데, 그들의 대사는 표면적으로는 걱정하고, 위로하고, 염려하지만 시선과 말이 상대방을 향하지 않은 채 감정적인 피상성이 두드러지며, 특히 어머니 메리베스의 모습은 흡사 냉철한 탐정을 연상시킨다.

부모에게 지나치게 순응하면서도, 그들을 딸에 대한 공감 없이 자신들의 행복에 몰입해 있는 괴물 물고기와 닭으로 바라보는 에이미에게 그들은 실존하는 **결합된 부모상**united parents이다. 클라인에 따르면, 정상 발달에서 유아의 박해적 환상은 초기 어머니의 몸속에 아버지의 페니스가 함입되어 있다는 생각으로부터, 결합된 부모상을 거쳐 분리된 부모상으로 발전한다. 서로에게 해파리처럼 완전히 적응하면서도 딸의 슬픔을 공감

해줄 수 없는 선사시대의 괴물 물고기와 닭으로 느껴지는 부모로부터 에이미는 배제된 느낌을 느꼈고, 그들에게 분노했으며, 외로웠고, 동시에 그들을 조숙하게 동일시했다. 여기에서 에이미가 남녀 간의 사랑에 대해 생각하는 개념은 서로에게 해파리처럼 서로의 빈곳을 완벽하게 메워주고 절대 싸우지도 않는 것이라 유추해볼 수 있다.

> 오랜 세월 외로운 외동딸로 자라면서 그들을 관찰해온 내가 그 사실을 보증할 수 있다. 엄마와 아빠는 서로에게 날선 말을 하지도, 상처 주는 싸움을 하지도 않는다. 그들은 들러붙은 해파리처럼—본능적으로 몸을 팽창시켰다가 수축하며, 마치 액체처럼 서로의 빈 곳을 메우면서—평생을 함께 달려왔다.[82]

하지만 이런 분노는 어떤 이유에서인지 한 번도 그들에게 표현될 수 없었는데, 여기에서 처음에는 가학성-박해 불안이던 것이 점차 그것을 다루기 위해 고착되어 인격의 정신 기구로 발달하는 초자아super-ego에 대해 생각해볼 수 있다. 프로이트는 「자아와 이드(1923)」에서 환자들 중에 치료의 호전 이후에 그에 역행하여 다시 증상이 악화되는, 이른바 **부정적 치료 반응**에 대해 언급한다. 이는 프로이트로 하여금 기존에 형성되어있는 인격조직으로부터 벗어나려할 때, 자아에게 죄의식을 주고 벌을 주는 내적 세력에 대해 생각하게 만들었다. 다시 말해, 에이미의 경우 우울한 어머니에게 표현될 수 없었던 공격성은 방향을 돌려 자신을 향하게 되고, 어머니의 자궁에 상처를 입혔다는 죄의식을 만들어낸다. 자신의 공격성이 위험하다는 무의식적 신념은 하나의 인격 안에 고착되고, 앞서 **조적 방어**라고 언급한 것이 인격으로 조직화되면서 자기애적 보상 체계를 형성하게 된다. 에이미 안에 형성된 초자아의 법은 공격성을 밖으로 내는 대신 자신을 **어메이징** 하게 만들라는—부모의 기대를 충족시키라는—명령에 순응하는 것으로 보상되고, 생존은 보장받는다. 그만큼 **어메이징** 함에 흠집이 가는 일은 에이미의 자기애적 평형을 위협하고, 생존의 문제와도 관련된 일이라 할 수 있다. 다시 말해, 이는 마치 에이미의 내적 세계의 보스인 가혹한 초자아가 그녀의 일거수일투족을 감시하며, 모든 생각과 행동에 대해 생生과 사死의 조건을 거는 것과 같다. 다음은 에이미의 초자아가 어떻게 가혹하게 작동하고 있는지를 볼 수 있는 대목이다. 닉과의 말다툼 중에 닉이 에이미를 밀치면서 폭력적인 모습을 보이자 그녀는 생각한다.

> 시아버지의 말이 맞았어. 넌 멍청한 년이야. 남편이 해칠 것 같으면 떠나야지. 하지만 난 아직까지도 어머니의 죽음을 슬퍼하고 있는 남편을 떠날 수가 없다. 도저히, 무언가가 정말로 심각하게 잘못되지 않는 한, 그렇게 하면 성서에 나올 법한 악녀가 되는 거다. 남편이 정말로 날 해칠 거라는 생각이 들면 떠나야 한다. 하지만 난 닉이 정말로 나를 해칠 거라고 생각하지 않는다. 단지 총이 있으면 더 안전하다고 느낄 것 같다.[83)]

멜라니 클라인은 초기 유아에게 내재되어있는 초자아의 원시성을 나타내기 위해 **가혹한 초자아**라는 이름으로 불렀다. 비온은 어머니와 유아의 투사적 동일시 안에서 어머니가 유아의 투사물을 담아내지 못하고, 오히려 자신의 소화되지 않은 내용물들까지 유아에게 부과하게 될 때, 그런 악순환 속에서 유아는 공포스러운 것을 보게 된다고 하였다. 그리고 여기에서 형성되는 것으로 그 무자비성을 강조하기 위해 '**초**'자아라 이름 붙였다. 무자비하고 가혹한 초자아는 공격성을 밖으로 내는 것을 용납하지 않으며 에이미의 공격성을 내면으로 돌리도록 하였다. 분노가 자극되는 순간조차 가혹한 기준으로 자신을 탓하고, 악녀가 되지 않기 위해 참아야 할 것을 명령하고 있다. 총이 필요하다는 것을 통해 에이미의 내면에 불러일으켜지는 공격성의 수준을 알 수 있으며, 그것을 막아야 하는 필요 때문에 그만큼 강력해야하는 초자아의 강도를 짐작할 수 있다.

2) 공격성의 사용:
거짓말과 천재성, 그리고 편집적, 강박적 경향성

> 거짓말쟁이는 만족을 얻기 위해서 청중을 필요로 한다.
> 그런데 이것이 그를 취약하게 만든다.
> 왜냐하면 그 청중이 그가 만들어낸 허구물에 가치를 부여하기 때문이다.
>
> —W. R. Bion [84)]

소설 전반에서 볼 때, 에이미가 특정 순간에 거짓말을 사용하게 되고, 또 어떤 순간에는 자신의 거짓말을 실제인 것으로 믿는 다는 것을 알 수 있다. 사건을 계획하고 사라질 때까지만 해도 그녀는 자신이 거짓말을 하고 또 그것을 계획하고 있다는 것을 알고 있는 것처럼 보인다. 그러나 상황이 악화되고 소설의 후반으로 갈수록 자신이 거짓말을 하고 있다는 사실을 완전히 잊고, 자신이 믿고 있는 거짓된 진실을 완벽하게 실현시키기 위해 살인을 저지르는 것을 볼 수 있다.

본 연구에서는 앞서 에이미의 가혹한 초자아가 솔직한 실망과 분노의 감정을 밖으로 표현하는 것을 용납하지 않으며, 그래서 수정될 기회를 갖지 못한 채 원시적인 상태로 남아있는 공격성이 자연스럽게 표현되어야 하는 출구를 잃어버리게 되었다는 것을 살펴보았다. 스턴바흐의 말을 따른다면, 이는 공격성이기 이전에 긴장의 증가와 감소의 문제이며, 그것의 정도와 해소되는 방향에 따라 외부를 향한 적대적 공격성이 될 수도 있고, 내면을 향한 파괴성이 될 수도 있으며, 이에 따라 다양한 증상이 될 수 있다. 이런 관점에서 에이미의 거짓됨은 자연스럽고 솔직한 표현 혹은 자기-수용을 통해 해소되어야 하는 긴장이 어떤 세력에 의해 그 출구를 잃어버림에 따라 우회되는 모양이라 할 수 있다. 즉, 에이미의 가혹한 초자아는 적대감에서 오는 솔직하고 자연스러운 긴장의 방출을 용납하지 못하며, 그럴 경우, 초자아가 주는 죄책감과 박해감으로 인해 오히려 더 큰 긴장이 유발될 수 있다. 분노하는 순간에 오히려 냉철해지고 차분해지는 모습을 보이는 에이미의 모습을 통해 그녀의 성격 구조가 분노와 증오의 감정을 억압하는데 능숙한 방향으로 조직화되어 있음을 알 수 있다. 그러한 에이미의 긴장의 일부는 지능이 떠맡게 되었고, 적대감이 억압됨에 따라 대상에 대한 분노는 **치밀한 계획**이라는 멀고 거짓된 길을 돌아 기괴하게 표현되어야 했다.

사건을 계획하는 에이미의 치밀함과 천재성은 생존을 위한 절실함으로 이해해볼 수 있다. 거짓됨을 제쳐두고 천재성의 측면에만 집중해본다면, 많은 천재적인 작가들과 예술가들의 어린 시절이 불후했다는 것을 생각해보게 된다. 그들은 이른 양육의 실패 혹은 결핍으로 자신들의 내면에 질서와 안정감을 주는 어떤 것에 매달리게 되고, 그것은 모성의 기능을 대신하게 되는, 일종의 **주물 성애**fetishism적인 것이 된다. 에이미의 무의식적 환상 속에 존재하는 박해적인 대상들은 외부 세계와 관계맺음에 있어서 왜곡되고 과장된 현실을 구성하고, 세상이 자신에 대한 어떤 음모와 계획을 꾸미고 있다고 지각하게 만드는 것으로 볼 수 있다. 생존의 위기 앞에서 에이미는 그것들에 대항할 수 있는 더 치밀한 계획을 준비해야하기에 그것은 천재적이 될 수밖에 없다.

나는 적어도 그것만은 사실임을 알았다. 장모의 딸 역시 끈질기게 걱정하는 병이 있기 때문이다. 에이미는 스토브를 끄지 않은 것 같다며 저녁 내내 전전긍긍할 수 있는 사람이다. 그날

요리를 한 적도 없으면서 말이다. 아니면, '문을 잠갔나? 확실해?' 하면서. 그녀는 최악의 대참사를 상상하는 시나리오 작가였다. 언제나 '문이 열려 있다'가 아니라 '문이 열려 있고 남자들이 집 안에 들어와 그녀를 강간하고 죽이려고 숨어 있다'였기 때문이다.[85)]

(…)

우리의 친구 로니에 따르면, 에이미는 하필이면 발렌타인데이에 쇼핑몰에 가서 총을 사려고 했다. 그녀는 조금 부끄러워했으며 약간 긴장하고 있는 것 같았다. 바보처럼 구는 것일 수도 있지만……제게 총이 꼭 필요할 것 같아서요. 하지만 무엇보다도 그녀는 겁에 질려 있었다. 에이미는 누군가가 자기를 불안하게 만든다고 로니에게 말했다. 그녀는 더 자세한 설명은 하지 않았지만 로니가 어떤 총을 원하느냐고 묻자 이렇게 대답했다. 누군가를 재빨리 저지할 수 있는 걸로요.[86)]

즉, 자신을 음해하려고 하는 음모로 가득 찬 세상에 대응하기 위하여 생각 혹은 지능 자체에 주물 성애적인 리비도가 부착되며, 이것이 에이미의 편집적 경향성과 이를 방어하기 위한 강박적 경향성에 이용된다.

위에서 발췌한 내용을 통해 알 수 있는 에이미의 편집적이고 강박적인 경향성이 늘 진행되고 있는 과정인지, 특정 순간에만 발현되는 것인지 정확하게는 알 수는 없다. 그러나 추측컨대, 두 가지 모두가 가능성이 있다고 볼 수 있으며, 평상시에는 무의식 속에 잠재되어 있던 것이 자기애적 평형을 위협하는 어떤 순간마다 닉의 눈에 보일만큼 과도하게 발현되었을 것이라 생각해볼 수 있다.

에이미가 자신이 거짓말을 하고 있다는 것을 알고 있는 수준과 거짓말에 완전히 함락되어 자신이 거짓말을 하고 있는지조차 모르는 수준에 이르는 것의 차이는 그롯슈타인이 말한 **후크의 법칙**으로 이해해볼 수 있다. 이는 하나의 대상에 가해지는 힘의 크기가 어떤 한도를 넘지 않는 한 변형의 양은 힘의 크기에 비례한다고 하는 물리학의 용어로, 이때 대상은 그 탄성계수(신축성)에 따라 외부의 압력을 얼마나 견딜 수 있을지가 결정되며, 압력이 한도를 넘어설 경우 그러한 변형의 비례는 깨지게 된다.[87] 즉, 비록 좌절 경험이 정신적 생존에 위협적이기는 해도 자신의 방어기제를 통해 어느 정도 탄력성을 유지하던 에이미의 자기애적 평형은 일정 한계를 넘어서면서 어떤 화학적 변형을 일으키고, 그것은 무의식 속의 박해적 대상들에게 완전히 점령당하는 순간이라고 볼 수 있다. 한편, 헨리 파렌스Henri Parens는 인간의 공격성이 유아기부터 비파괴적인 형태와 파괴적인 형태로 모두 존재한다고 보았는데, 좌절(혹은 불쾌감)이 **과도**하다면, 적대적 파괴성이 나타날 수 있으며, 따라서 좌절이 과도하지 않다면 적대적 파괴성이 나타나지 않을 수도 있다고 하였다.[88] 즉, 모든 좌절이 적대적 공격성 혹은 긴장을 불러일으키지는 않는다는 것을 의미하며, 이는 인간의 감각 기관이 자극에 대한 반응을 일으키는데 필요한 최소한의 자극의 세기를 의미하는 **역치**threshold value와 비교해서 생각해볼 수 있다.

정리하자면, 에이미의 편집적, 강박적 경향성은 거짓말과 그 수준을 함께 하는데, 그것이 불러일으켜지는 순서는 좌절→공격성→편집성→강박성→거짓말로 조직적으로 진행된다. 에이미의 자기애적 평형의 역치를 넘지 않는 선에서 일어나는 좌절은 경미한 공격성과 함께 **경향성**이라고 부를 수 있는 편집성과 강박성, 그리고 자신이 자각할 수 있는 수준의 거짓됨을 불러일으키며, 그 역치를 넘어선 순간에 에이미는 사라짐의 사건을 계획하고, 편집적 환상은 내적 현실이 되며, 이에 따라 생존을 위해 거짓말을 진실로 완전히 믿게 된다.

3) 사건의 계획과 살인: 죄책감과 무자비한 사랑

> 많은 범죄자들에게, 특히 젊은 층의 경우, 범죄 이전에 존재했던 매우 강력한 죄의식을 탐지해 낼 수 있다. 그러므로 그 죄의식은 범죄의 결과가 아니라 동기인 것이다. 이 무의식적 죄의식을 사실적이고 직접적인 어떤 것에 묶어 둘 수 있는 것은 다행스런 일이라고 해야 할 것이다.
>
> —S. Freud [89)]

프로이트는 살인범 혹은 범죄 행위 가해자들의 범행 동기가 감당할 수 없는 죄책감을 실제적인 어떤 것에 묶어둘 필요에 의한 것이라고 하였다. 그들은 왜 실제적인 어떤 것에 죄책감을 묶어두려 하는가? 그 이유는 그들 안에 있는 죄책감이 실제적으로 느껴지지 않기 때문이다. 흔히 사이코패스 혹은 정신분열증자의 살인은 그들에게 초자아 혹은 죄책감이 부재하기 때문인 것으로 알려져 있는데, 이는 어떻게 보면 맞는 말이지만, 만일 앞의 말을 따른다면, 어떤 면에서는 틀린 말이다. 그들은 죄책감이라고 부를 수 있기 이전의 어떤 비인격적이고 무자비한 충동에 시달리고 그것으로부터 어떤 가혹한 비난의 목소리를 들으며, 그것을 견디지 못하고 살인이라는 실제적인 행동으로 토해내고 만다. 달리 말하면, 그들은 그런 공포스러운 충동을 담아주고 감당할만한 것으로 변형시키고 소화해줄 누군가를 찾고 있다(범죄자가 자신도 모르게 어떤 단서를 남기는 것에 주목하라). 이와 관련하여, 위니캇은 청소년들이 보이는 반사회적 경향성이 그들의 초기 박탈과 결핍에 대하여 중요한 인물들에게 보내는 하나의 신호이며, 그래서 그런 반사회적 경향성을 잘 견뎌줄 수만 있다면 치료와 건강을 향한 창의성으로 전환될 수 있는 **희망**이 될 수 있다고 하였다.

에이미는 닉에 대한 분노로 사건을 꾸며내었다. 그러나 닉이 TV 방송을 통해 태도를 바꾸어 불륜을 시인하고 자신이 잘못했으며 그녀가 돌아오기를 기다리고 있다는 모습을 보이자 에이미의 태도는 180도 변한다.[90]

> 오늘 밤 닉과 샤론 쉬버의 화제의 인터뷰가 방송된다. 나는 뜨거운 물로 목욕을 한 다음 질 좋은 와인을 한 병 따고, 그의 거짓말을 기록하기 위해 녹화를 하면서 방송을 볼 생각이었다.

그가 지껄이는 모든 과장과 반쪽짜리 진실, 거짓말과 뻔뻔한 말들을 적어서 그에 대한 나의 분노를 다지고 싶다.[91)]
(…)
갑자기 닉에게 따뜻한 마음이 솟아난다. 그가 내가 제일 좋아하는 넥타이를 매고 있기 때문이다. 그것은 내가 사준 것으로, 그가 여자 것처럼 색이 지나치게 밝다고 생각한, 혹은 생각했던 넥타이다. … 닉이 내가 사준 넥타이를 매고 손을 들어 올리는 제스처를 할 때, 나는 그가 내가 그의 서른세 번째 생일에 선물한 빈티지 부로바 스페이스뷰 손목시계를 차고 있다는 것을 알게 된다.[92)]

멜라니 클라인은 인간의 사랑과 증오의 감정이 어떻게 발전해 가는지를 잘 보여주었다. 최초에 감정은 죽음 욕동으로 점철된 어떤 충동의 덩어리이던 것이 젖가슴과의 접촉을 통해 대상의 세계로 진입하게 된다. 이제부터 유아에게 본능의 만족을 주는 것은 **좋은 젖가슴**으로, 본능의 좌절을 겪는 순간은 **나쁜 젖가슴**으로 경험된다. 이때 유아에게 세상은 전적으로 좋거나 나쁜 분열된 세계로 존재한다. 이는 편집-분열적 자리에서의 감정인데, 여기에서 유아는 원초적 방어기제인 투사적 동일시를 통해 자신의 나쁜 부분이 바깥에 존재하고 있으며, 그것이 자신을 박해한다고 생각하기 때문에 그것을 파괴하고 없애려한다. 이후 유아는 대상을 자신에게 속한 부분-대상이 아니라 외부에 존재하는 전체-대상인 하나의 인격체로 인식하게 되면서 그를 사랑하면서 동시에 증오하는 양가감정을 느끼게 되고 감사, 연민, 후회, 보상 등의 오묘하게 여러 가지 감정이 혼재된 것으로 경험되는 우울적 자리에 진입하게 된다. **자리**position개념에 대한 설명에서 보았듯이, 우울적 자리에서의 감정은 자아가 취약해지는 상황에서 편집-분열적인 감정으로 갈 수 있다. 그러나 일단 하나의 자리를 성취하고 경험했다면, 그 탄력성에 있어서 차이는 있을 수 있으나 다시 회귀할 수 있는 가능성을 지니고 있다. 또한 주체가 건강을 향하고 있다면 두 자리 사이를 이동하는 진동은 좀 더 유연하고 탄력적일 수 있으며, 조금씩 다른 수준에서 각 자리를 경험하는 나선형의 성장 곡선을 그린다고 볼 수 있을 것이다.

에이미는 닉에 대해 실망하고 분노했으며, 이는 그녀의 과대적이고 박해적인 환상과 결합하면서 하나의 시나리오를 구성하였다. 이런 시나리오는 1년 간에 걸친 사건 계획으로 이어지는데, 문득 누군가에 대한 증오를 1년 동안 간직하는 것이 가능한지 생각해보게 된다. 증오를 1년 동안 간직할 수 있으려면, 대상을 실제 나쁜 사람으로 매일 매일 인식할 수 있어야 한다. 에이미 사건을 수사하는 형사 보니는 닉의 아버지 집 벽난로 안에서 에이미가 쓴 일기장을 발견하고, 그에 관하여 닉을 심문한다. 일기장에서 에이미는 "닉이 자신이 마실 음료에 여러 번 부동액을 넣어 자신은 부동액에 중독되었으며, 그가 자신을 학대했고, 성관계는 강간에 가까웠으며, 그가 자신을 죽일 수도 있다"고 썼다.[93] 보니는 이를 증거로 닉이 아내를 살해했다고 추궁하고, 이를 들은 닉은 굉장히 분노하고, 강하게 부정하면서 에이미가 멀쩡히 살아 있으며, 자신에게 누명을 씌우려 한다고 말한다.

> "부인이 미쳤나요, 닉?" 보니가 몸을 앞으로 기울이며 말했다. "당신 말대로라면, 이건 미친 짓이에요. 듣고 있어요? 이 모든 걸 준비하려면 6개월에서 1년은 걸릴 거예요. 부인이 1년 동안은 당신을 증오했어야 했어요. 당신을 이렇게 극단적으로, 진지하게, 끔찍하게 해치려고 했다면 말이에요. 그런 증오심을 그렇게 오랫동안 유지하는 게 얼마나 어려운지 아세요?"[94]

에이미는 전적으로 좋거나 전적으로 나쁜, 분열된 방식으로 닉을 사랑하고 있다. 때 이르게 성기기적인 역할을 떠맡게 되면서 사회적인 역할에 있어서 성공했지만, 사랑을 하는 동안은 정서적으로 다뤄지지 않은 채 원시적인 상태로 남아있는 분열된 방식의 자리로 퇴행하게 되는 것이다. 닉은 에이미와의 사랑이 **마약이나 술, 또는 포르노** 같았다고 말한다.[95] 이것은 그 사랑이 그만큼 자극적이고 강렬했다는 것을 말하는데, 닉이 그녀를 만족시킬 수 있고 서로가 이상화된 사랑을 할 수 있는 동안은 그를 전적으로 좋은 대상으로 여겼기 때문으로 볼 수 있다. 에이미가 1년 동안이나 닉에 대한 증오를 간직할 수 있었고, 사건을 계획할 수 있었던 것은 닉에 대한 실망이 쌓이고, 참을 수 있는 한계를 넘어서면서 닉이 나쁜 대상으로 돌아섰기 때문이다. 이에 따라 현관문을 잠가두지 않으면, 남자들이 들어와서 그녀를 강간하고 죽일 것이라는 에이미의 편집적 환상은 닉에게 덮어 씌워지고, 자신이 감당하기 힘든 증오의 감정은 닉에게 가둬둘 수 있게 된다. 이런 측면에서 본다면, 에이미는 사건을 계획하는 동안조차도 자신이 거짓말을 하고 있다는 사실을 모르고 있었을 가능성이 있다. 독자의 입장에서 에이미는 그저 굉장히 똑똑하며 영악한 사람으로 보이지만, 에이미 자신은 진지하게 실재하는 위험 속에서 생존을 위해 몸부림치고 있었는지도 모른다.

다시 데시의 별장에 숨어 들어가 있는 에이미로 돌아와 보자. 닉을 향한 에이미의 감정은 증오로부터 사랑으로 돌아온다. 자신의 증오를 가둬두었던 대상인 닉이 다시 사랑의 대상이 되자, 증오의 감정은 후폭풍처럼 다시 에이미 자신에게로 밀려들어오고, 그것은 일종의 죄책감이 된다. 그러나 만일 죄책감을 감당할 수 있을 만큼 에이미의 자아가 강했다면, 일찍이 증오를 닉에게 가둬둘 필요는 없었을 것이다. 따라서 이는 죄책감이라 부를 수 있기 이전의 어떤 강렬한 긴장을 불러일으키는 요소이며, 에이미에게는 경험되어질 수 없는 것이므로 또 다시 그것을 실제적인 어떤 것에 묶어둘 긴급한 필요가 생겨나게 된다.

> 정말이지 나는 제대로 된 남자와, '새로운 닉'과 새롭게 시작하고 싶다. 상황이 그에게 정말로 불리하게 돌아가고 있다. 닉을 내게서 구할 수 있는 건 나뿐이다. 하지만 나는 덫에 걸렸다.[96]

데시에게 직접 연락하고 찾아간 것은 에이미 자신이었으나 이제는 그를 덫이라 표현하며, 자신이 그것에 걸려들었다고 생각하고 있다. 스턴바흐는 긴장의 방출 욕구의 힘 혹은 그 긴박함은 일관성을 유지하기 위해 동원된 죽음 욕동 에너지의 상대적 양으로 보아야 한다고 하였다.[97] 그리고 그 방출 욕구가 강하면 강할수록, 긴급하면 긴급할수록 모든 저항들은 제압될 수 있고, 이는 파괴와 살인과 같은 극단적인 행위가 될 수 있다고 하였다. 결국 에이미는 가혹한 초자아의 명령 아래 짧은 계획을 준비하고, 데시를 살해한다. 이런 측면에서 볼 때 에이미가 데시를 살해한 행동은 감당할 수 없는 죄책감을 묶어둘 긴급한 필요에 의해서 그 죄책감을 데시에게로 돌린 일종의 속죄 행동이며, 데시는 에이미의 속죄물이 되었다고 볼 수 있다. 다시 말해, 이 죄책감은 에이미가 자신이 사랑하는 사람에 대하여 가혹한 벌을 내린 것에 대한 죄책감이며, 그것은 과도한 긴장을 유발한다. 그 긴장은 빠르게 해소되어야할 필요가 있으며, 에이미의 나쁜 내적 대상은 닉으로부터 데시에게로 빠르게 옮겨간다. 유아가 투사적 동일시 안에서 자신의 증오를 감당할 수 없기에 밖으로 투사하고 그것을 파괴하려는 것처럼, 에이미는 데시에게 증오를 던지고 그것을 파괴함으로써 내적 생존을 보존하려 한 것으로 볼 수 있다.

살인에 대한 보다 상징적인 해석도 해볼 수 있다. 에이미의 집안과 데시의 집안 사이에는 묘한 평행이 존재한다. 데시의 어머니 재클린은 소설에서 뿌연 거울에 비친 에이미로 묘사되는

데, 실제로 닉은 그녀의 외모에서 풍기는 분위기와 성격이 놀랍게 에이미와 닮은 것을 보고 깜짝 놀란다. 또한 데시가 에이미를 대하는 태도는 에이미의 부모가 에이미를 대하는 것처럼 간접적으로 조종하고 통제하는 방식인 것을 볼 수 있다. 덧붙여보자면, 동일 제목의 영화에서 에이미의 아버지와 데시의 외모가 서로 닮았다는 것은 또 하나의 흥미로운 관전 포인트가 된다. 데시의 집안과 에이미 집안 사이의 이러한 평행을 통해서 유추해볼 수 있는 것은 에이미와 데시가 처음에 커플이 될 수 있었던 것이 무의식적으로 서로의 부모를 떠올렸을 것이기 때문에 가능한 일일 것이라는 점이다.

이를 토대로 볼 때, 에이미가 데시를 찾아가 스스로 덫에 걸리는 상황은 마치 덫에 걸린 것처럼 자신을 옭아매고 전능적으로 통제하는 부모와의 양육 상황을 재현하고 숙달하려는 것으로 볼 수 있다. 이러한 비유는 이전에 재현된 상황에서도 반복되었다. 토미 오하라, 그리고 데시와의 상황에서 에이미가 계획한 시나리오에는 모두 두 손을 묶는 끈과 강간이 소재로 사용되며, 힐러리 핸디와의 상황에서는 힐러리가 자신의 복제품처럼 '에이미'가 되려고 했으며, 결국 그녀가 자신을 계단에서 떠밀어 죽이려 했다는 결말로 끝난다. 이런 반복된 상황에 사용된 소재들은 자신의 '진짜' 목소리는 내보지도 못한 채 부모가 만들어 놓은 '어메이징 에이미'라는 틀 안에 묶여 그들의 복제품처럼 세상에 떠밀어지고, 힘써볼 새도 없이 마치 강간의 피해자가 된 듯한 자신의 모습을 보여주려는 듯하다. 이런 측면에서 볼 때, 에이미가 데시를 살해한 것은 하나의 전치displacement로서 부모에게 묶인 끈인 정신적 탯줄을 끊고 그들에게서 벗어나려는 몸부림이며, 태어나서 처음으로 그들에게 내지르는 슬픔과 분노의 비명소리인지도 모른다. 물론 그 대상은 실제의 부모일 수도 있고, 이제는 자신의 내적 대상으로 확립된 내면의 박해적인 어떤 세력일 수도 있다.

4) 에이미의 **사라짐**: 퀴즈와 보물찾기, "나를 찾아줘"

> 여기에 의사소통하지 않으면서 동시에 의사소통하고 또한 발견되기를 원하는, 개인적인 자기를 확립하려는 한 아동의 모습이 있다. 그것은 숨겨지는 것은 기쁨이지만 발견되지 않는 것은 재앙인 정교화된 숨바꼭질 게임이다.
>
> —D. W. Winnicott [98)]

닉에 관하여

에이미의 **사라짐**에 대해 그 의미를 종합하기 이전에 먼저 닉에 대해 간략하게 알아보는 것이 도움이 될 것 같다. 에이미가 닉에 대한 증오를 담아 1년 동안 사건을 계획한 것은 그 증오의 크기를 짐작할 수 있게 하지만, 한편으로는 에이미의 증오의 표현을 지연시킨 어떤 요인이 있지 않을까 하는 이유에서

이다. 스턴바흐는 긴박한 긴장의 방출 충동에 대응할 수 있는 것으로 삶의 욕동인 **에로스**와 죽음 욕동 에너지를 중화시킬 수 있는 **자기애적 리비도**를 꼽는다. 에이미의 경우 자기애적 리비도를 충전하는 주된 방식은 **어메이징 에이미**가 되는 방식으로 가혹한 초자아의 요구를 만족시키고, 박해적으로 느껴지는 내적 경쟁 대상들에 대한 상대적 우월감을 유지하는 것이었다. 그러나 여러 좌절을 겪은 이후 사건을 준비하는 1년 동안 에이미의 자기애적 리비도는 바닥나 있었다. 따라서 이 기간에 에이미의 증오의 표현을 지연시킨 것은 자기애적 리비도이기보다는 긴장 방출 경향에 대항하여 더 큰 긴장을 형성하는 에로스가 아닌가 하는 가정이 가능해진다. 에로스는 대상-사랑의 발달에서 생겨나는 특징인데, 대상을 붙잡으려는 욕구가 긴장 방출 경향에 대응할 수 있다.[99] 닉에 대한 증오를 표현하는 것에 대해 더 큰 긴장이 발생되는 것은 에이미가 닉을 만나면서 자기애적-사랑으로부터 대상-사랑에로의 어떤 기로가 열린 것 때문은 아니었는지 생각해볼 수 있다. 에이미에게 닉은 어떤 점이 특별했던 것일까?

에이미는 닉을 "침착하고 똑똑하고 재미있으며 복잡하지 않고, 고민하지 않으며, 행복한 사람"[100]이라고 표현한다. 결벽이 있고, 완벽 주의적이며, 강박적인 성격의 에이미는 처음에 닉의 이런 모습에 끌리게 되었다. 또 닉은 많은 사람들에게 호감을 주는 사람이었는데, 이런 자신의 성격이 자리 잡게 된 배경에 대해 닉은 생각한다.

아버지는 나의 어린 시절을 무언의 비난으로 가득 채웠다. 그는 살금살금 돌아다니며 화를 낼 건수를 찾는 남자들 중 하나였다. 이 때문에 고(여동생 마고)는 부당한 트집은 절대 잡히지 않으려는 방어적인 사람으로 변했고, 나는 권위에 자동적으로 아첨하는 놈이 되어버렸다. 엄마, 아빠, 선생님들. 네, 당신의 일이 편해진다면 마음대로 하세요. 나는 끊임없이 호감을 주려고 애썼다. "넌 사람들이 네가 좋은 사람이라고 믿게 할 수만 있다면 거짓말, 사기, 절도는 물론이고 살인까지 저지를 거야." 언젠가 고가 말했다. … 나는 식욕이 싹 달아났다. 고의 말은 그때까지 내가 한 번도 깨닫지 못한, 거부할 수 없는 진실이었기 때문이다.[101)]

닉의 부모는 닉이 열두 살 때 이혼했고, 이혼하기 이전 그들은 에이미의 부모와는 너무 다르게도 거의 다정하게 지내지 않았다. 그의 아버지는 어머니를 무능력한 회사 직원을 다루듯 했다. 그가 기억하는 아버지는 늘 복수심에 불타는 상처 입은 권투선수 같았고, 어머니뿐만 아니라 모든 여성에 대한 혐오가 뿌리 깊게 자리하고 있었다. 반면 닉이 기억하는 그의 어머니는 마음씨 곱고 상냥한 사람이었다(그는 아버지는 **아버지**로, 어머니는 **엄마**로 부른다). 닉은 농담을 하고, 웃고, 놀리고, 축하하고, 지지하고, 칭찬할 수 있는 장점을 그의 어머니로부터 물려받았다고 생각한다.[102)]

닉이 끊임없이 타인에게 좋은 사람이 되려고 절박하게 노력한 것은 자신의 안에 좋은 대상으로 자리 잡은 **상냥한 어머니**를 분열된 나쁜 대상인 **분노하는 아버지**로부터 보호하려는 내적 생존을 위한 투쟁으로 보인다. 그는 다정하고 유머러스한 자신의 부분을 **엄마의 아들**이라고 불렀으며, 가끔씩 여성에 대한 혐오감이 올라오는 것을 가리켜 **아버지의 아들**이라고 불렀다.[103] **엄마의 아들**은 모성을 자극하고, 다정하며, 친절한 반면, **아버지의 아들**은 도움 받는 것을 싫어하며, 독립성을 유지하려하고, 가끔씩 분노를 터뜨리면서도, 이런 자신의 분노에 대한 혐오와 큰 죄책감을 느끼고, 동시에 죄책감을 견디기 힘들어한다.[104] 닉이 이런 분열적인 성향을 갖게 된 데는 닉의 아버지가 가족 내에서 나쁜 역할을 맡음에 따라 어머니와 닉, 여동생 마고의 사이는 밀착되고, 유일한 좋은 대상인 어머니에 대한 증오는 닉의 생존에 위험한 것이 되므로 그녀는 이상화되고 그 증오는 억압되어야할 필요가 생겨난 데에 따르는 것으로 볼 수 있다. 닉이 점점 증오를 억압하는데 실패하는 시점이 그의 어머니가 죽고 난 뒤라는 것은 이에 대한 또 다른 증거가 된다.

> 나는 평생 동안 괜찮은 남자, 여자를 사랑하고 존중하는 남자, 심리적인 문제가 없는 남자가 되려고 애썼다. 그리고 지금 나는 나의 쌍둥이에 대한, 장모에 대한, 내연녀에 대한 추악한 생각을 하고 있다. 아내의 두개골을 부숴버리는 상상을 하고 있다.[105]

한편, 아버지와 관련된 자신의 감정을 억압하는데 따른 결과로 닉은 자신의 남성성, 공격성, 힘과 관련된 무력감과 동시에, 다뤄지지 않은 채로 억압된 통제할 수 없는 힘으로부터 무의식적으로 압도되고 있었던 것으로 보인다. 그것은 닉의 꿈-내용과 선택 가능성을 잡으려는 경향에서 드러나며, 억압되었던 닉의 여러 가지 감정이 풀려나는 시기인 어머니의 죽음 뒤, 그가 불륜을 저지르는 것과도 관련이 된다.

> 그의 최악의 공포, 개인적인 악몽은 감옥에 갇힌 자신에게 아무런 죄가 없다는 걸 알지만 그것을 증명할 수가 없다는 사실이다. 닉의 악몽은 언제나 오해받고, 덫에 걸리고, 자신이 통제할 수 없는 힘의 희생자가 되는 것에 관한 내용일 것이다. 그런 꿈을 꾸고 난 뒤면 닉은 항상 집 안을 서성거리다 옷을 입고 밖으로 나가, 집 근처 길을 배회한 다음 공원—미주리의 공원, 뉴욕의 공원—으로 간다. 아무데나 원하는 곳으로. 그는 야외 활동을 좋아하는 남자라고는 할 수 없지만 바깥으로 도는 남자다. 그는 하이킹도 야영도 하지 않는다. 불을 피우는 방법도 모른다. 물고기를 잡아 내게 선물할 줄도 모를 것이다. 그가 좋아하는 것은 선택권, 선택 가능성이다. 그는 자기가 밖에 나갈 수 있다는 걸 알고 싶어 한다. [106)]

이와 관련하여, 닉과 그의 여동생 마고가 미주리에 개업한 술집의 이름이 The Bar라는 점은 흥미롭다. The Bar는 술집을 의미하기도 하지만 동시에 막대기 모양의 물건을 뜻하는 것으로서 남성성 혹은 남근을 상징하며, 닉이 억압되어 느껴지지 않는 자신의 남성성을 자신도 모르게 생활 곳곳(The Bar, 선택 가능성, 불륜)에서 구체적인 어떤 행동을 통해 확인하려 하였던 것을 알 수 있다.

진짜 자신을 찾고 싶은 에이미의 소망, 그리고 닉과의 만남

에이미는 진짜 자신을 찾고 싶은 소망이 있었다. 그녀는 자신을 '에이미'라고 부르며 마치 타자인 것처럼 대한다. 그것은 부모의 말에 순응하고, '어메이징 에이미'의 기준을 만족시키는 자신이 있는 한편, 어딘가에 진짜 자신이 따로 있으며 언젠가는 그것이 되고 싶다는 소망이다.

> 제20권에서 '어메이징 에이미'는 결혼을 한다! 우—. 아무도 관심이 없었다. 누구도 어메이징 에이미가 성인이 되는 것을 바라지 않는다. 특히나 나는. 그 애는 무릎 양말과 리본 머리끈을 하게 놔두고 나만 성인이 될 수 있도록, 나의 또 다른 문학적 자아, 문고본 속 나의 반쪽에 구애되지 않고 내가 원하는 내가 될 수 있게 해달란 말이다.[107]

이런 에이미의 소원의 이면에는 진짜 자신이 될 수 없는 무력감과 그것이 이미 자동적으로 습관화된 행동 특성으로 자리잡고 있는 것을 볼 수 있다. 그녀는 어떤 선택이나 대답, 행동을 하기 전 자신에게 퀴즈를 내는 것을 볼 수 있는데, 여러 가지 선택안들을 놓고 그 중에서 어메이징 에이미라면 어떤 선택을 할지 고르는 방식이다. 물론 이러한 내적 대화는 일반인들에게서도 나타날 수 있으며, 여러 선택지들을 두고 자신에게 어떤 것이 가장 좋은 것일지를 고민하는 것은 건강하다 말할 수 있을 것이다. 위니캇은 이러한 경향성을 어린 아이가 개인적 자기를 세워가는 과정에서 의사소통되지 않는 영역인 핵심 자기를 두고 그것을 중심으로 대상과 의사소통하는 것의 기반이 되는 **홀로 있을 수 있는 능력**[108] 과관련짓는다. 만일 홀로 있을 수 있는 능력이 있다면, 즉, 침범받지 않는 자신만의 비밀스러운 영역인 핵심 자기가 존재한다면, 그것은 살아있다는 생생한 느낌인 **참자기**적인 것에 가깝다 할 수 있을 것이다. 그러나 에이미의 경우, 홀로 있는 것이기 보다는 고립되어 있는 것에 가깝다. 우울한 어머니로 인해 자발성을 반영 받지 못하고 순응하는 거짓자기로 점철된 에이미의 자기는 선택의 자유 없이, '어메이징 에이미'라는 정해진 답으로밖에 응답할 수 없기 때문이다.

위니캇은 우울한 어머니에게서 자라난 유아에게는 삶이 주는 즐거움을 누리는 것보다 "살아있는 것처럼 보이는 것이 그의 삶의 궁극적인 목표가 된다"[109] 고설명한다. 내 것이 아닌 것을 선택하고, 내 삶이 아닌 삶을 살아가고 있다는 느낌은 어딘가에 진짜 자신과 진짜 자기 삶이 존재한다는 환상을 만들어낸다. 동시에 이것은 어린 시절 반영 받지 못한 채 마음 깊은 곳에 유기된 **내면 아이**를 소생시키고자 하는 에이미의 소망으로도 볼 수 있다. 한편, 뭔가를 찾으려는 경향성은 뭔가를 잃어버렸거나 박탈당했다는 느낌으로부터 온다. 위니캇은 반사회적 경향성을 보이는 청소년들의 훔치는 행동에서 그들이 찾고 있는 것은 훔친 물건이 아니라 그가 권리를 갖고 있는 어머니를 찾고 있는 것이라고 말한다. 또한 그에 따르면, 훔치기와 상처 입히기, 더럽히기 등의 행동은 리비도적 요소인 대상추구와 공격성이 어느 정도 융합이 일어났을 때 어떤 박탈이 일어난 것으로서 치료적 입장에서 생각할 때 그러한 비행 행동은 가치 있는 것이라고 주장한다.[110)]

에이미의 직업은 잡지에 심리테스트와 퀴즈를 연재하는 것이었다. 그녀는 닉과 결혼한 뒤 결혼기념일마다 보물찾기를 준비하고 닉이 그것을 발견해주는 것을 즐겼으며, 가끔 닉에게 자신에 대해 알아맞혀달라고 하는 **나를 알아줘** 게임을 하곤 했다. 이는 미미한 자기감으로 인해 끝없이 반영을 갈구하고 뭔가를 묻고, 찾는 방식으로 자신을 발견하려는 에이미의 소망이 드러나고 있음을 보여주는 것이다. 이렇게 반영에 대한 허기와 느껴지지 않는 자기를 끝없이 찾으려는 에이미에게 닉과의 만남은 하나의 희망이 되었다.

> 중요한 건 처음에 내가 그에게 미쳐 있었다는 사실이다. 내게 그는 괴팍할 정도로 색다른, 착한 미주리 남자였다. 그의 곁에 있는 것이 말도 못하게 좋았다. 그는 내 속에 있는 줄도 몰랐던 것들, 가벼움, 유머, 편안함을 끄집어냈다. 마치 그가 내 속을 파내고 깃털을 집어넣은 것 같았다. … 닉을 만나기 전에 나는 한 번도 내가 사람이라고 느껴본 적이 없었다. 나는 늘 하나

> 의 제품이었으니까. 어메이징 에이미는 똑똑하고, 창의적이고, 친절하고, 사려 깊고, 재치 있고, 행복해야 했다. 우린 네가 행복하길 바랄 뿐이란다. 아버지와 어머니는 늘 그렇게 말하면서도 행복해지는 방법을 알려준 적이 없다. 그토록 많은 배움과 기회와 특권에도 불구하고, 그들은 내가 행복해지는 법을 한 번도 가르쳐준 적이 없었다. 나는 늘 다른 애들이 나를 보며 당황하던 것을 기억한다. 나는 생일파티에서 다른 아이들이 키득거리고 희한한 표정을 짓는 것을 보고 따라 해보려 애썼지만 그들이 왜 그러는지 이해할 수가 없었다. … 닉을 만나면서 마침내 나는 이해했다. 그는 너무나 재미있는 사람이었다. 마치 해달과 데이트를 하는 것 같았다.[111)]

닉과의 만남은 에이미로 하여금 참자기 발현에 대한 저항을 해제시키고, 가혹한 초자아의 힘을 약화시키는데 도움이 된 것으로 보인다. 동시에 그녀는 닉을 만나면서 잃어버린 것을 찾을 수 있으리라는 희망을 느꼈고, 멈추었던 성장을 향한 경향성을 발달시킬 수 있었던 것으로 볼 수 있다. 또한 닉과의 만남과 결혼은 한편으로 그동안 에이미 자신이 순응하고 만족시켜주던 부모의 구속으로부터 하나의 탈출구가 될 수 있었다.

이 점에서 에이미가 사라짐을 계획하게 된 것은 앞서 언급한 여러 좌절들을 겪으면서 닉의 태도가 변하고, 그에 따라 진짜 자신을 찾고 반영받기를 원했던 에이미의 소망이 다시 한 번 좌절을 겪게 되면서 자기애적인 상처를 입었기 때문으로 볼 수 있다.

닉에게 헌신하고 그와 함께 안정감을 느끼고 그와 함께 행복해하면서 나는 '진짜 에이미'가 존재한다는 사실을 깨달았다. 그녀는 훨씬 더 나은 여자고, '쿨한 에이미'보다 더 흥미롭고 복잡하고 도전적이었다. 그럼에도 닉은 '쿨한 에이미'를 원했다. 상상할 수 있는가? 마침내 당신의 진실한 자아를 당신의 배우자이자 소울메이트에게 보여줬더니 그가 당신을 싫어한다. 그렇게 처음으로 증오가 싹텄다. 나는 이 문제를 아주 오래 생각했다. 나는 그것이 모든 것의 시작이라고 생각한다.[112]

좌절로 인해 불러일으켜지는 에이미의 공격성은 왜 솔직하게 표현될 수 없었는지, 그래서 왜 사라지는 방식으로 공격성을 표현해야 했는지는 이미 앞선 부분에서 살펴보았다. 조금 덧붙이자면, 정신분열증 환자와 같이 정도가 심한 자기애적 상태에 있는 개인의 특성 중 자신의 공격성과 그것으로부터 대상을 보호하기 위해 자기를 희생한다고 한 스팟닛츠의 말을 가져와 볼 수 있다.[113] 이를 통해 에이미는 닉에게 분노 했지만 진짜 자신을 찾게 해줄 것이라는 희망을 안겨준 닉을 보호하려는 마음 또한 갖고 있었다고 생각해볼 수 있다. 사회적인 물의를 일으킨다는 점에서는 당황스러운 일이지만, 도덕적인 입장을 떠나서 정신적 발달의 입장에서만 본다면, 에이미의 경우는 조금은 다행스러운 것이라 할 수 있을 것이다. 자신을 희생하는 대신 사라짐을 통해서라도 공격성을 표현할 수 있었고 그것이 대상을 향한 것이었기에, 이는 담겨지고 이해받음으로써 변형될 수 있는 가능성을 지녔기 때문이다. 청소년의 반사회적 경향성이 희망을 의미한다고 했던 위니캇의 말이 옳은 것이 될 수 있을지, 그리고 이제 막 개인적인 자기를 구축하기 위해 숨바꼭질하는 에이미가 진정한 자신을 세워나갈 수 있을지는 소설에는 나오지 않은, 닉과 에이미의 이후의 삶에 달려있다고 볼 수 있을 것이다.

그러나 에이미가 또 다시 이러한 사라짐을 재연하지 않고 닉과의 관계에서 오는 실망을 견뎌낼 수 있을지는 의문이다. 소설에 에이미의 어머니 메리베스가 겪은 유산과 사산의 구체적인 횟수가 7번으로 명시된 것은 어떤 복선의 의미를 담고 있는 것 같다. 태어나지 못하거나 태어나자마자 죽었던 7명의 **희망들**때문에 우울한 어머니의 관심 밖에 있었던 에이미는 그 **희망들** 중 겨우 첫 번째 희망의 탯줄을 끊어낸 것은 아닐까. 앞으로도 6번의 탯줄을 끊어내는 작업 후에야 그녀가 진짜 자신으로 살아갈 차례가 되었다고 여기는 것은 아닐지 고려해볼만한 대목이다.

에이미의 '사라짐'의 의미 요약

지금까지 살펴본 내용들을 기초로 하여 에이미의 **사라짐**의 의미를 한 곳에 정리해보는 것이 도움이 될 것 같다.

먼저, 에이미의 사라짐은 죽음을 완벽한 것으로 이상화하는 죽음 욕동의 목소리로서 **태어나지 말았어야 한다**는 무의식적 신념이며, 이것은 자신은 언젠가 사라져야 한다는 당위성과 관련되어 있다고 볼 수 있다. 둘째, **어메이징**함을 잃지 않아야 한다는 가혹한 초자아의 요구로 공격성은 직접적으로 표현될 수 없으며 우회되어야 할 필요가 있기에 **사라짐**이라는 현상으로 나타났다고 볼 수 있다. 셋째, **사라짐**은 에이미가 충분히 반영 받지 못함으로 인해 갖게 된 사라질 것처럼 취약한 존재감이 현실화된 것이며, 자기애적 평형이 위협받음에 따라 생존을 위해 도피한 것으로 볼 수 있다. 넷째, 닉과의 만남 속에서 에이미 안에 대상-사랑 경향성이 발달하였고, 이에 따라 대상을 향한 공격성에 대항하여 대상을 잃는 것에 대한 더 큰 긴장을 형성하는 에로스가 작용한 현상으로 볼 수 있다. 다섯째, **사라짐**은 개인적 자기를 구축하고, 진짜 자기를 찾으려는 시도로서 자신을 발견해주고 반영해달라고 대상에게 보내는 하나의 신호로 볼 수 있다.

소설의 제목이 『나를 찾아줘』가 아닌 『나를 찾아서』였다면 좀 더 밝고 모험적인 이야기가 될 수 있었을까. **나를 찾아줘**는 대상과 자아 간의 분화가 아주 미미한 상태에 있음에 따라, **나**를 찾는 것의 책임이 **나**가 아닌 타인에게로 전가되었기 때문에 한 사람으로 인해 주변 사람들이 곤경에 처하는 이야기가 되었다. 이는 어떤 이유로 분리-개별화 혹은 자아와 대상 영역의 분화를 이루지 못한 채 성인이 된 한 사람이 반영을 구하며 투사적 동일시라는 소용돌이 속으로 사랑하는 이들을 끌어당기고 모든 책임을 전가하면서 벌어지는 잔인하면서도 생존을 향한 절박함이 담긴 이야기라고 할 수 있다. 한편으로는 부모의 그늘 아래 한 번도 자기 자신으로 살아보지 못한 한 사람이 아픔을 가진 또 다른 사람을 만나 사랑에 빠지면서 한번 살아보겠다고 이제 막 울음을 터뜨리는 어떤 변화의 시작에 관한 이야기이기도 하다. 소설은 에이미가 돌아오고, 그녀가 임신하면서 닉이 그녀에게 적응하려는 결심을 하며 마무리 된다. 에이미는 다시 사라지지 않고도 자기 자신을 찾을 수 있을까? 닉은 자신의 아버지처럼 분노에 찬 사람이 되지 않고 증오를 통합해낼 수 있을까? 에이미의 뱃속에 잉태된 아기는 어떻게 자라날 것인가?

Ⅳ. 논의

인간은 어머니의 뱃속에 잉태되어 세상으로 나오는 순간 삶과 죽음의 기로에 놓이게 된다. 한 사람의 일생에는 여러 가능성이 열려 있고, 의지의 문제가 포함되어 있음에도 불구하고, 정신분석의 많은 문헌들이 말해주고 있듯 인간이 삶으로 나아갈 수 있도록 돕는 가장 많은 자원은 초기 양육자와의 경험으로부터 나온다. 큰 의미에서만 봤을 때, 삶이 세상이 주는 긴장을 잘 담아내고 견뎌내며 앞으로 나아가는 하나의 여정이라면, 죽음은 어떠한 긴장도 필요로 하지 않는, 떠나온 집으로 돌아가는 과정이라 할 수 있을 것이다. 그런 측면에서 **우리는 살아남기 위해 사라지는데 전문가가 된다**고 서두에 인용한 아이건의 말은 본 연구에서 고찰해 본 **사라짐**의 여러 의미를 한 문장에 잘 요약하고 있는 듯하다. 만일 삶을 살아갈만한 가치가 있다고 생각하게 하는 어떤 희망이 있음에도 죽음을 떠올릴 만큼 큰 고통이 찾아올 때에는 세상 속으로 나아가지도, 집으로 돌아가지도 못하는 대신 어딘가로 숨고 사라지는 쪽을 택하는 것이 어쩌면 인간적인 선택일지도 모르니 말이다.

1. **사라짐**의 다양한 모습들

인간에게는 자기 보존을 위해 때론 사라짐이 필수적이다. 그리고 사라짐은 다양한 수준에서 일어난다. 그것은 동물들에게도 예외는 아니다. 투우장 한쪽에는 소가 안전하다고 느끼는, 사람들에게는 보이지 않는 구역이 있다. 투우사와 싸우다가 지친 소는 자신이 정한 그 장소로 가서 숨을 고르며 힘을 모은다. 기운을 되찾아 계속 싸우기 위해서이다. 그곳에 있으면 소는 더 이상 두렵지 않으며 지친 자신을 회복시킬 수 있게 된다. 소만 아는 그 자리는 피난처, 안식처라는 뜻을 가진 스페인어로, 명상에서는 **인간 내면에 있는 성소**라는 의미를 가진 퀘렌시아querencia라 불린다.[114)]

우리의 일상에서도 사라짐은 다양하게 묘사된다: 어느 날 갑자기 집을 나가버린 가출 청소년, 부부싸움 후 친정집으로 짐을 싸서 가는 아내, 동굴 속으로 들어가 버리는 남편. 그런 일이 있고 나면 부모 혹은 배우자는 충격 받고, 위기감을 느끼며 그들에게 무슨 일이 있었던 것인지 얘기할 수 있게 된다. 대화가 잘 되고 문제가 해결된다면 그들은 또 다시 일상을 살아갈 수 있게 되며, 이전보다 서로 더 화목하게 지내게 될 수도 있다. 또한, 좀 더 건강한 의미에서 독립을 향한 움직임으로서의 사라짐도 있다. 성공과 성숙을 위해 안락한 고향을 떠나 타지 생활을 하며 스스로의 삶을 개척해 나가는 경우가 있는가 하면, 속해있는 집단이 자신이 중요하게 여기는 가치관과 맞지 않아 타협점을 이룰 수 없다고 느낀다면 아쉬움을 안고서 그 집단을 이탈할 수도 있을 것이다. 하는 일에 대해서도 아무리 노력해도 그것이 자신에게 맞지 않고 소진되기만 한다고 느낄 때 그것을 그만둘 수도 있다. 이탈과 포기라는 사라짐은 가슴 아픈 것이지만 새로운 가능성으로의 움직임이 될 수도 있다. 그것은 선택의 문제이며, 삶을 더 잘 살아보고자 하는 좋은 마음으로부터 나온다.

그러나 무의식적 입장에서는 얘기가 조금 다르다. 그것의 표면적인 의미에만 집중한다면, 에이미의 사라짐의 진실에 대해 알지 못했던 대부분의 사람들처럼 자신과 타인에 대해 아무것도 이해하지 못한다. 거기에는 공격성의 문제가 숨어 있었으며, 초기의 외상과 관련된 문제들, 거짓말, 죄책감의 문제들이 포함되어 있었고, 이것들은 하나의 유기체처럼 에이미 안에서 작동하고 있었다.

2. 공격성을 통합하지 못하는 데에서 오는 공격성

위니캇은 1950년 1월에 열린 한 심포지엄에서 "사회가 위험에 처한다면 그것은 인간의 공격성 때문이 아니라 개인들이 공격성을 억압하기 때문"이라고 하였다. 그는 이어서 "약자가 되는 것은 약자에 대한 강자의 공격만큼이나 공격적인 것"[115] 이라고 하였다. 이는 공격성을 통해 적절하게 긴장을 방출하는 대신 개인의 내면에 공격성을 간직한 채 방어하고 있기 때문이며, 그것은 자신도 모르는 사이에 왜곡되고 기괴한 형태, 혹은 폭발적인 형태로 나타나거나 타인에게 자신의 공격성을 전가하여 자신이 피해자가 되는 상황을 스스로 만들기 때문이다. 이와 관련하여 위니캇은 「역전이에서의 증오」(1947)에서 말한다.

> 어머니는 자신의 증오를 견디면서 아기를 증오하는 것을 감당할 수 있어야 한다. 그녀는 증오를 아기에게 표현해서는 안 된다. 만일 그녀가 자신의 증오로 인해 할 수 있는 것에 대한 두려움 때문에, 아기에 의해 상처를 입었을 때 아기를 적절하게 증오할 수 없다면, 그녀는 틀림없이 피학증에 사로잡히게 될 것이다. 그리고 이것이 여성의 피학증이 자연스러운 현상이라는 잘못된 이론을 낳게 한 원인일 것이다. 어머니가 가진 가장 놀라운 능력은 아기에 의해 그렇게 많이 상할 수 있으면서도 아이에게 대가를 지불할 것을 요구하지 않은 채 아기를 그토록 증오할 수 있는 능력이며, 또한 받을 수도 있고 받지 못할 수도 있는 훗날의 보상을 기다릴 수 있는 능력이다.[116]

그는 **증오할 수 있는 능력**과 **증오를 표현하는 것**을 다른 것으로 놓고 있다. 증오할 수 있는 능력은 증오를 담을 수 있는 능력이다. 그것은 증오를 객관적으로 느끼면서도 그것을 견디는 과정이다. 그것을 느낄 수 있고 담을 수 있다면 증오를 언제 표현하느냐는 선택의 문제가 된다. 견디는 것은 고통스럽게 느껴질 수 있지만, 동시에 인격적 성숙을 향한다는 측면에서는 쾌락적으로 경험될 수도 있다. 앞서 언급한 **공격성을 억압 한다**는 것은 실재하는 공격성을 느낄 수 없으며, 그것이 무의식에 남겨진다는 것을 의미한다.

에이미의 경우에서는 증오할 수 있는 능력이 부재했기 때문에 증오는 무의식에 남겨졌고, 그것에 전 인격이 점령당하고 기괴한 형태로 표현된 것이라 할 수 있다. 그것은 에이미의 부모가 공격성을 사용하는 방식과 관련되어 있었다. 에이미의 부모는 공격성을 사용할 수 없었기 때문에 대단히 공격적이었다. 그들은 에이미에게 자신들의 마음을 직접적으로 표현하는 대신에, 간접적으로 에이미를 조종하고 통제하고 압도하는 방식을 택했다. 에이미가 서른 살이 넘기까지 중요한 발달의 시기마다 출판되어 20여권이 만들어진 '어메이징 에이미' 시리즈는 그것을 잘 대표해주는 산물이라 할 수 있을 것이다.

이러한 의사소통 방식은 투사적 동일시로, 여기서 중요한 것은 주체와 대상 간에 구분이 모호하다는 것이다. **나**와 **너**가 구분되지 않은 상태에서는 의사전달을 위한 설득과 기다림, 인내가 필요치 않다. 두 사람 사이의 의사소통은 전능적으로 흘러가기 때문에 동시에 전능적인 통제 아래에 머물게 된다. 그것은 절대적 의존기에 유아와 어머니가 보이는 완전히 밀착되어 있는 상태로, 이때 유아의 생존은 전적으로 어머니에게 달려있다. 또한 육체적으로는 독립되어 있을 때조차도 마음의 자아 영역과 대상 영역은 분화되지 못함에 따라, 부모 외의 친밀한 관계에서도 전이가 발생하면 이러한 의사소통의 패턴은 재현될 수 있다. 에이미는 그러한 마음의 절대적 의존 상태를 남편 닉에게 전이 하였고, 그녀의 부모가 자신에게 그랬던 것처럼 닉을 증오할 수 없었기 때문에 사라짐으로써 그에게 손 하나 대지 않고도 그를 전능적으로 통제하려 하였다. 마음의 자아 영역과 대상 영역이 분화가 덜 된 만큼 대상은 주체로부터 더 많은 것을 요구받기 때문에 이는 더욱 공격적이라 할 수 있다.

3. "나를 찾아줘"의 의미에 대하여

원작 소설인 "Gone Girl"을 한국어로 옮겨오면서 번역자는 "나를 찾아줘"라는 제목으로 번역해냈다. 번역자는 주인공 에이미의 특성의 핵심을 제대로 짚어내는데 성공한 것 같다. 제목이 보여주는 것처럼 사라짐, 살인, 천재성 등과 같은 측면들 이면에는 사라질 것처럼 취약한 존재감으로 인해 타인에게 강력하게 의존되어 있고, 자신을 발견해주길 바라는 유아성과 간절함이 들어있기 때문이다.

의존성은 유아가 대상 세계와 관계를 시작할 수 있도록 하는 첫걸음이 된다. 만일 유아에게 돌봄을 제공하는 모성적 환경이 일관적이고 지속적이라면 의존성 안에서 유아는 많은 것들을 공급받고, 가진 잠재력을 풍성하게 발달시켜나갈 수 있을 것이다. 또한 점진적으로 나타나는 유아에 대한 어머니의 적응 실패 속에서 어머니를 자신과 분리된 외부 대상으로 경험하고 거기에서 발달하는 슬픔과 애도, 분노의 감정을 자신 안에 통합하고 신체적, 정서적으로 어머니와의 분리-개별화를 이뤄낼 수 있을 것이다.

이런 과정의 초반에서 **나**를 찾을 수 있도록 돕는 것은 실제로 외부 대상이다. 유아의 몸짓은 어머니의 반영 속에서 발견됨으로써 그 존재를 스스로 확인하게 된다. 그러한 과정이 일관적이고 지속적일 때, 유아는 자신의 존재에 대해 의심하지 않을 수 있다. 절대적 의존기 이후 상대적 의존기로 갈수록 어머니의 관심은 유아로부터 점차적으로 멀어지고, 어머니는 다른 일들을 처리하느라 유아의 눈앞에서 사라지는 일이 잦아진다. 그것은 유아에게서 불안을 일으키는 것이지만 곧 다시 나타나고 그 불안을 달래주는 어머니와의 반복적인 경험은 **믿음**의 뿌리가 된다. 유아가 조금 더 자라서 기어 다닐 수 있고, 걸을 수 있게 된다면 스스로 사라지고 나타나는 행동을 반복할 것이다. 위니캇이 말한 것처럼 이것은 개인적인 자기를 구축해가려는 유아의 움직임이며, 숨고 발견되지 않길 바라며 동시에 발견되길 바라는 즐거운 숨바꼭질 놀이이다. 이와 관련하여, 다니엘 스턴Daniel Stern이 말한 것처럼 몸을 이동할 수 없는 아기들도 어머니와의 관계 접촉의 시작과 유지, 끝맺음과 회피에 대해 통제권을 행사하고 있으며, 자신의 응시 방향을 조정함으로써 자신이 받아들여야 하는 관계에 대한 자극의 정도와 양을 스스로 조절한다는 사실은 매우 흥미롭다.

동시에 이에 덧붙여 고려해볼만한 한 가지가 남아있다. 그것은 위니캇이 말한 각 사람의 의사소통 되지 않는 요소incommunicado이며, 신성한 것으로서 철저히 보호되어야 하는 영역에 관한 것이다. 이는 앞서 핵심 자기라는 이름으로 불렀고, 개인이 자기를 세워가는 과정에서 발견되기를 바라는 것으로 언급했던 것이지만, 여기에서 강조하려는 것은 그 영역이 동시에 절대 발견되어서는 안 된다는 점이다.[118] 위니캇은 이르기를, "강간과 식인종에게 잡아먹히는 것조차도 자기의 핵이 침해 받는 것, 즉 방어를 관통하는 의사소통으로 인해 자기의 중심 요소가 변형되는 것과 비교하면, 사소한 일에 지나지 않는다"[119] 고 강조한다.

이 영역은 유아에 대한 어머니의 적응 실패로 인해서 발생하는 외상적 경험으로부터 유아가 자신을 방어하려는 데서 생겨난다. 그러한 외상적 경험은 고통스러운 일이지만, 그것이 과도하지 않다면 역설적이게도 이 실패로 인해 유아는 개인적인 자기private self를 세워나갈 수 있는 기틀을 마련할 수 있게 된다. 유아가 발견되지 못하는 것은 재앙이지만, 이와 동시에 자신에게 생명의 원천이 되었던 어머니에게 조차 이해받지 못한 영역에 누군가가 접근하려한다면 이 또한 그에 못지않은 재앙처럼 경험될 것이다.

이러한 양상을 다른 방식으로 묘사한 마가렛 말러Margaret Mahler의 말을 빌려서, 숨바꼭질 놀이를 즐겨하는, 분리-개별화 과정 중 연습기와 재접근 단계[120]에 있는 아동에게 중요한 것은 부모로부터 벗어나 자발적으로 숨고, 그를 애타게 찾는 대상에게 **마침내** 발견 되는 것, 그리고 방해받지 않고 자신의 몸을 써서 스스로 모습을 드러내는 것이다. 아동이 부모로부터 숨을 수 없다면, 그리고 숨어있는 아동에게 부모가 화를 내거나 그를 억지로 끌어내려 한다면 아동은 겁에 질리거나 분노의 울음을 터뜨릴 것이며, 나아가서는 비밀스런 자신의 부분을 간직하거나 이를 숨길 수 없는 어리숙하고 의존적인 개인으로 자라날 수도 있다.[121)]

따라서 이제는 "나를 찾아줘"라는 에이미의 말을 이렇게도 표현해볼 수 있다: "나를 찾아줘. 아니, 나를 찾지 마. 나를 알아줘. 아니, 나에 대해 아는 척 하지 마." 에이미가 대상에게 바라는 것은 사라진 자신으로 인해 대상이 충분히 고통 받는 것이며, 그녀를 애타게 찾는 동안 그녀의 소중함에 대해 깨닫고, 교훈을 얻어야 하는 것이다. 동시에 떠나있는 동안 자신은 절대 발견되어서는 안 되며, 만일 발견된다면 그것은 재앙처럼 느껴질 것이고, 중요한 것은 대상이 교훈을 얻었다고 생각될 때쯤 스스로 대상 앞에 모습을 드러내는 것이다. 즉, 관계에 통제력을 행사할 수 있다는 느낌이 중요한 것이다. 에이미가 사라져있는 동안의 자신의 모습을 보았고, 동시에 그녀의 부모처럼 사랑이라는 이름으로 자신을 붙잡아두고 통제하려고 했던 데시를 살해한 것은 어쩌면 그녀가 데시에게 먼저 연락을 했던 그 순간부터 예견되어 있었던 것인지도 모른다. 결국 데시는 누구도 알아서는 안 되는 신성하고 비밀스런, 그리고 에이미가 자발적으로 창조해낸 놀이 공간에 끼어들어 그것을 통제하려한 대가로 죽임을 당한 것이라는 측면으로도 생각해볼 수 있다. 즉, 그녀는 데시에게 도움을 요청하며 "나를 찾지 마, 찾으면 죽여 버릴

거야"하고 말하고 있었는지도 모른다.

사라짐과 나타남, 좌절과 회복의 반복된 경험은 현재의 좌절과 모호함을 견딜 수 있는 원동력이 되며, 대상의 반영 없이도 자신의 존재를 의심하지 않을 수 있는 힘이 된다. 즉, 양육자가 아기에게 보복하지 않으면서도 아기가 밀어낼 때 밀려나고, 함께 해주기를 원할 때 기꺼이 끌려갈 수 있다면, 아기는 더 이상 **나를 찾아줘**라고 바라지 않고도 스스로의 존재에 대해 의심하지 않을 수 있게 되는 것이다. 그때부터는 **나**를 발견하는 것은 자기 자신이 된다. 독립된 하나의 개체로서 **나를 찾아줘**가 아닌 **나를 찾아서**의 삶으로의 여정을 시작할 수 있게 될 것이다. 이때부터의 한 주체의 과제는 찾기와 발견되기가 아닌 **자기 자신이 되기**becoming에 달려 있다.

우울하고 멍하니 생각에 잠긴 어머니로 인해 발견되지 못했던, 그러나 동시에 어머니로부터 전능적으로 통제를 받고 있었으며 한 번도 그 아래로부터 사라질 수 없었던 에이미는 어디에서도 자기 자신을 찾을 수가 없었다. 에이미를 통제하려 들지 않았으며, 그녀의 **나를 알아줘** 놀이에 최선을 다해 응했던 닉과의 만남은 그의 여러 가지 실수에도 불구하고 에이미가 자기를 발견하려는 움직임에 생생한 기쁨이 되었을 것이다. 그녀의 사라짐이 이제 막 나타나기 시작한 공격성과 사라지는 것에 대한 두려움 때문에 원시적이고 과격하게 일어났을 지라도, 늦게나마 존재감을 구축해가고 정서적인 발달을 시작하려 했다는 측면에서 볼 때는 희망적이라 할 수 있는 이유가 바로 이것이다.

4. 에이미에 대한 치료적 접근

천재적이며 거짓에 능통하고, 동시에 매력적이며 순응적이면서도 그 안에 무시무시한 공격성을 품고 있는 에이미가 분석에 찾아온다면 분석가는 그녀와 어떻게 만날 수 있을까. 이런 에이미에게 분석가는 끊임없이 속고 조종당하면서 그녀를 돕기는커녕 곤경에 빠지게 되는 것은 아닐까? 이러한 여러 생각들은 연구자로 하여금 에이미와의 분석 작업이라는 가상의 상황을 그려보도록 이끌었다. 이에 따라 에이미와의 분석에서 벌어질 수 있는 여러 상황들에 대해 생각해보고 분석가라면 여기에 어떻게 접근할 수 있을지 고민해보는 것이 도움이 될 것 같다.

분석의 초반에 전이가 원활하게 이루어진다면, 에이미는 분석가에 대한 강렬한 의존성을 발달시킬 가능성이 크다. 마치 에이미가 닉과 그랬던 것처럼, 분석가를 이상화하며, 전적으로 좋은 대상으로 여길 것이다. 어쩌면, 분석가의 글들과 정신분석이론에 대해 공부하고 너무 잘 알고 있는 나머지, 분석가의 기대와 필요에 대해 빠르게 파악하고 순응함으로써 분석이 원활하게 이루어지고 있다는 느낌과 분석가 자신이 유능하다는 느낌을 줄 수도 있다. 그 때의 느낌은 마치 닉이 느꼈던 것처럼 분석가 안에 포르노나 술과 마약처럼 에이미와의 분석 시간을 기대하고 기다리게 되는 역전이 감정으로 나타날 수 있다. 많은 말들을 하며, 꿨던 꿈을 착실하게 가져오고, 자신을 알아맞혀 달라는 의미에서 여러 가지 퀴즈와 상징적인 내용들을 말할 수도 있을 것이다. 분석가는 이런 밀월 기간에 응하여 마치 젖을 힘차게 잘 먹는 아기에게 젖을 주듯 좋은 해석과 조언들을 하고 싶은 마음이 들며, 정말로 그렇게 하고 있거나 그것에 부담을 느껴서 저항하고 있는 자신을 발견하게 될 수도 있을 것이다. 그러나 그러한 언어적 수유가 에이미의 필요에 맞추어 과하지 않은 선에서 공급된다면, 그것은 에이미와의 전이에서 꼭 필요한 과정이며, 에이미가 저항을 해제하고 다음 단계로 나아갈 수 있는 기로가 될 것이다.

밀월 기간이 끝나고 나면, **재미있는 척을 할 수 있으되, 정말로 그것들을 즐기지는 않는** 에이미의 측면이 모습을 드러낼 것이다. 에이미는 분석가에게 자신의 가혹한 초자아를 투사함으로써 분석가가 자신에게 너무 높은 기대를 갖고 있으며, 자신이 그 기대를 충족시키지 못하고 있기 때문에 분석가가 자신에게 실망하고 자신을 싫어하고 있다고 말할 수도 있다. 분석가가 주는 언어적 수유를 평가하고 거부할 수도 있을 것이다. 또한, 그녀의 무의식적 환상 속에서 볼 수 있었듯이 침묵의 상황을 박해적으로 경험하여 그 순간을 마치 자신이 강간을 당하고 있으며, 자신을 보호하기 위해 총이 필요할 것 같다고 말할 수도 있을 것이다. 분석가의 마음속에서는 토미와 닉이 그랬던 것처럼 분석적 상황으로부터 외도하고 싶은 마음이 들 수 있을 것이며, 에이미가 투사한 초자아에 반응하여 에이미에게 실망하고 분노하고 있는 자신을 발견할 수도 있을 것이다. 이런 시간 속에서 에이미는 분석에 지각하거나 약속을 깜빡했다거나 하는 일이 반복 될 수 있고, 심각한 경우, 에이미가 재연한 사건들에서 그랬던 것처럼, 분석가의 실수에 예민하게 반응하여 분석에 더 이상 나오지 않으며, 거짓된 시나리오를 구성하여 분석가를 위협하는 방식으로 분석가를 공격하고 조종하려 들 가능성도 배제할 수는 없을 것이다.

미트라니는 어머니가 아기의 경험들을 걸러주고 담아주는 것으로서 만족스럽게 기능을 수행할 수 없었을 때, 에이미와 같이 조숙한 자아 발달을 통해 생존 기제를 발달시킨 환자와의 분석에서 발생할 수 있는 상황들과 그때의 분석가의 태도에 대해 언급하였다. 그에 따르면, 환자는 거짓-성숙에 뿌리를 내린 나머지 이제 막 시작되려는 자신의 낯선 부분에 접촉하려는 분석가를 거부하고, 그러한 접촉에서 분석가가 압도되는 것을 막기 위해 **착한 아기**로 남아 있으려 한다고 하였다. 또한 분석가는 환자와 자신의 유아적인 부분이 너무 큰 반향을 일으킴에 따라 거기에 무감각해지고, 방어로서 지적토론에 몰두하게 될 수도 있는데 그것은 조숙하게 성인이 되 버린 환자와 함께 환자 안에 있는 유아를 유기하는 행위이며, 그것은 환자의 방어 구조를 강화하는 것이 될 수 있다고 하였다.

그는 환자가 조숙하게 발달함으로써 분석가-어머니를 정서적으로 사용하는 것이 불가능한 것으로 경험 될 때 분석에서 마치 분석가의 기능을 떠맡는 것과 같은 형태가 나타날 수 있다고 하였다. 때문에 그는 분석가가 환자로부터 밀쳐내지는 고통에도 불구하고 그것을 견디고 환자 안에 있는 아기와 의사소통할 수 있기 위하여 계속해서 앞으로 나아가는 길을 발견할 것을 제안한다. 또한 그들이 새로운 생각이 출현하는 것을 방어하기 위하여 분석가의 목소리와 어조와 같은 감각적인 경향에 집착함으로써 친숙한 **달래주는 젖꼭지**에 머무르려고 할 수 있다고 하였다. 이때 분석가는 때 이른 해석에 대한 압력으로부터 환자의 새롭고 예상치 못한 어떤 것을 듣기 위하여 알려지지 않고 친숙하지 않은 상태에 충분히 오래 머무르고자 하는 혼신의 노력이 필요하다고 하였다.[122)]

에이미와의 분석과정은 에이미가 **진짜 자기**라고 불렀던 유기된 내면 아기를 만나기 위한 과정이 될 것이다. 멜라니 클라인의 사례에서 음식을 깨물고 씹는 행동이 제한되어있었고, 가위나 칼 같은 도구를 사용하지 못하는 등 자신의 공격성을 사용하는데 어려움을 겪었던 4살짜리 딕을 다시 떠올려본다. 딕은 이제 막 출현하는 자신의 공격성과 함께, 거기에 응하여 나무 조각을 잘라버렸던 클라인의 반응에 대하여 나무 조각을 서랍에 넣고는 "사라졌어(Gone)"라고 말한다. 그리곤 어두운 문틈으로 숨어버린다. 유기된 내면의 어떤 요소와 접촉하는 것은 **진짜 자기**를 찾고 싶어 한 에이미의 소원처럼 필연적으로 **끌리는**것임과 동시에 현실을 왜곡하고 도피하고 싶을 만큼 두렵고 낯선 것임에 틀림없다.

에이미는 **진짜 자기**를 찾고 대상으로부터 수용되고자 하는 소망을 가졌지만 자신을 충분히 담아주지 못했던 우울한 어머니와의 관계 경험을 현실에서 반복적으로 경험함으로써 기대와 좌절, 그리고 분노 경험을 재연하였다. 에이미와의 분석에서 분석가는 알려지지 않은 경험에 충분히 오래 머무르려는 혼신의 노력과 함께 끊임없이 오래 전에 마음 저 깊은 곳에 단단히 숨겨두었던 에이미의 **진짜 자기**와 접촉하기 위해 앞으로 나아가야 할 것이다. 그때에야 비로소 미트라니가 말한 것처럼 에이미가 오래 전에 견딜 수 없을 정도로 **무섭고 나쁜** 것으로 느꼈고 침묵 속에 묵살되어 덥혀버렸던 비명을 다시 한 번 터져 나오도록 도울 수 있을 것이다.

V. 결론 및 제언

본 연구에서는 소설 『나를 찾아줘』의 유능하고 매력적인 주인공 에이미가 어느 날 갑자기 사라져버린 것에 대해서 궁금증을 품고, 그녀에게 사라짐이란 삶과 죽음 사이의 어떤 갈등이었을지 그 의미를 정신분석적으로 고찰하였다. 이에 따라 서론에서 제기한 세 가지 연구 문제는 다음과 같이 정리할 수 있다.

첫째, 그녀에게는 출생과 양육과정에서 반영 받지 못한 채 부모가 기대하는 역할을 떠맡게 된 외상이 있었다. 그것은 어린 에이미의 일차적 대상인 어머니의 우울과 완벽주의적이고 자기애적인 부모와의 의사소통 방식으로 인한 것이었다. 이는 멜라니 클라인이 말한 것처럼, 유아가 태어나면서부터 갖는 초기 가학성과 그로인한 박해 불안이 다뤄지지 못해 그 불안이 과도하게 되면, 양육자와의 조숙하고 과장된 동일시를 보인다고 했던 것을 따른다. **어메이징 에이미**의 역할을 오랜 세월 동안 해오면서 에이미는 자신이 **진짜 자기**로 살고 있지 못하다는 생각과 다른 역할을 맡는데서 오는 피로감을 느끼게 되었다.

에이미는 우울한 어머니에게서 자신의 가학성을 수정받을 기회를 갖지 못했다. 때문에 그 공격성의 방향을 자신에게로 돌려 자신이 어머니의 자궁을 손상시켰다고 하는 무의식적 환상을 발달시켰으며 공격성을 무의식 속에 묶어두게 된 것으로 볼 수 있다. 그런 생각은 자신이 태어나기에 앞서 유산되거나 사산되었던 7명의 아이들처럼 자신이 죽었어야 한다는 신념과 함께, 조숙한 우울적 자리로의 이행에서 보이는 방어기제인 조적 방어를 통해 자신이 우월하고 완벽하다는 과대 자기적인 생각으로 보상 받는 것으로 볼 수 있다. 그러나 이것은 취약한 자기를 보호하려는 조직화된 방어기제로 우월감과 완벽함에 흠집이 생기는 순간 자기애적 평형은 위협받게 된다. 닉과의 결혼 생활에서 생긴 여러 좌절 경험들로 인해 에이미의 생존을 위한 자기애적 평형은 위협받고, 이는 자신이 죽었어야 한다는 신념과 함께 그녀가 사라지게 되는데 기여하게 된 것으로 보인다. 더불어, 이런 사라짐에는 **진짜 자신**을 반영해 주지 않는 남편 닉에 대한 좌절-공격성과 함께 그때 발생하는 수치심이 에이미로 하여금 지금-여기에서의 자기를 인정하지 못하게 했으며, 그것을 인정하는 대신 진짜 자기를 찾으려고 하는 무의식적 역동도 포함되어 있다고 할 수 있다.

둘째, 에이미가 부모를 제외한 친밀한 사람들과의 관계에서 재현해온 사건에는 좌절-공격성과 거짓 자기의 역동이라는 공통된 요인이 있었다. 에이미가 중학생 시절 친한 친구로 지냈던 힐러리, 고등학교 동창이자 애인이었던 데시, 닉과 만나고 잠깐 연락이 두절된 시간 동안 만난 토미. 이들과 관련된 사건들에는 비슷한 시나리오들이 있었는데, 두 사람이 완전히 하나로 밀착된 시간과 상대방에 대한 실망, 그리고 그 후에는 거짓된 사건을 계획적으로 구성하여 상대방을 곤경에 빠트리는 일이 순서대로 일어났다. 계획된 사건에는 에이미의 무의식적 환상이 많이 침투된 것으로 볼 수 있었는데, 그것은 좌절-공격성과 동시에 일어나는 박해적 환상과 관련된 것으로 볼 수 있었다. 거기에는 부모와의 관계에서 자신이 겪었던 조종당하고, 통제당하며, 복제품이 된 것 같은 자신의 상황을 재현하려는 듯, 끈과 계단, 성폭행과 같은 소재가 활용되었다. 특히, 소설의 주요 내용을 차지하는 닉과의 재연 상황에서는 좌절-공격성의 그 크기만큼이나 박해적 환상이 강렬하게 나타났고, 그만큼 사건의 구성은 더 치밀했으며 나중에는 자신이 사건을 꾸미고 거짓말을 하고 있다는 사실조차 잊게 되는 것으로 보이는 시점이 나타난다.

셋째, 닉과의 만남에서 에이미가 사라진 것은 표면적으로는 닉을 곤경에 빠트리려는 공격성의 표현으로 볼 수 있으나, 그와 동시에 고려해볼 수 있는 것은 에이미가 닉과의 만남에서 **진짜 자기**를 찾을 수 있을 거라는 희망을 느꼈다는 것이다. 이에 따라 에이미는 닉과에 만남에서 자기애적 사랑으로부터 대상-사랑에로의 어떤 기로를 열게 되었고, 이는 자신의 공격성과 동시에 그에 대항하여 닉을 잃는 것에 대한 더 큰 긴장을 형성하는 삶의 욕동이 작용했을 것이라는 가정이 가능하다. 또한 위니캇이 인간은 개인적 자기를 구축해가는 과정에서 의사소통하기를 원하면서도 동시에 발견되지 않길 바라는 일종의 숨바꼭질과 같은 소통을 한다고 말했던 것처럼, 에이미의 사라짐은 자발적으로 자신을 숨기고 진짜 자신을 발견해 주었으면 하는 일종의 **숨바꼭질 놀이로의 초대**로도 볼 수 있다.

에이미가 돌아올 수 있었던 것은 닉이 TV방송 출현을 통해 에이미가 전달하고자 하는 의미를 정확하게 파악하고 있다는 것을 보여주었기 때문에 가능했던 것으로 해석된다. 그것은 에이미가 생각하는 이상적인 배우자인 **어메이징 에이미**의 **어메이징한 남편**이 되는 것이었고, 이는 대상에 대하여 분열적으로 작용하는 에이미의 사랑 패턴이 증오로부터 사랑으로 돌아오는 계기가 되었다. 에이미가 닉에게로 돌아간 것은 처음으로 **진짜 자기**의 목소리를 들어준 대상과 성숙을 향한 여정을 계속 하려는 시도로 볼 수 있다.

에이미는 닉이 자신을 죽일지도 모른다고 하는 박해적 환상을 구성하고 자신을 수동적인 위치에 놓음으로써 닉에 대한 좌절-공격성을 묶어 두는데 성공한 것으로 볼 수 있다. 그러나 닉에 대한 에이미의 마음이 증오로부터 사랑으로 되돌아옴에 따라 이전의 공격성은 죄책감의 형태로 에이미에게 다시 되돌아오게 된 것으로 보인다. 이때 죄책감으로 인해 발생하는 긴장은 에이미가 감당할 수 없는 것이며 또 다시 이를 묶어둘 대상을 필요로 하게 되었을 것이다. 결국 에이미가 데시를 살해한 것은 자신의 죄책감을 데시에게로 돌리고 자신은 거기에서 자유로워지려는 일종의 속죄 행동이었다는 것을 볼 수 있다. 한편, 데시의 별장은 에이미 어머니의 자궁을 상징하는 것으로서 에이미가 자기애적인 자신의 부모를 떠올리게 만드는 데시를 살해한 것은 부모의 대체물로 살아온 것에 대해 그들에게 죽이고 싶을 만큼 분노했지만 한 번도 표현하지 못한 감정을 데시에게로 전가하는 투사적 동일시로서, 일종의 전치가 발생했다는 해석도 가능하다.

현대사회는 첨단 기술이 발달함에 따라 인간이 자신의 기능을 덜 사용하고도 편리하게 살아갈 수 있게 된 이면에, 그러한 기능들을 다룰 기회 또한 박탈당하면서 사이코패스적인 무자비한 범죄 등의 이해할 수 없는 현상들이 이슈로 떠오르게 되었다. 본 연구는 이에 대해 **사라짐**이라는 은유적 표현에 대한 궁금증에서 시작하여, 인간의 초기 가학성과 나르시시즘, 그리고 그 안의 공격성과 그것을 다루는 과정에서 형성되는 인격의 문제에 대한 시각을 제공할 수 있었다는 데에 의의를 갖는다. 그러나 소설은 작가의 무의식과 환상이 펼쳐진 허구이며, 때문에 작가에 대한 이해 없이 소설만으로 주인공과 소설의 극적인 구성을 분석한 것은 일반화의 문제와 연구자의 주관적인 시각이 개입했을 가능성을 배제할 수 없다는 한계 또한 갖는다. 따라서 이에 대한 해석도 관련 증상을 보이는 실제 환자들에 대한 연구를 통해 검증이 필요하다. 또한 본 연구에서는 에이미의 사라짐을 이해하기 위해 여러 이론가들의 입장에서 접근하려고 시도하였다. 이론가들 각각의 이론 맥락만을 이해하는 데에도 많은 노력이 필요함에도 그것들을 다양하게 인용한 것은 독자로 하여금 자칫 혼란을 야기할 수 있음을 인정해야겠다. 연구자는 그러한 혼란을 에이미가 내면에서 겪고 있는 결코 단편적이지 않은 조직적인 역동을 연구자와 독자가 다면적으로 이해하려는 노력으로서 다소 모호한 상태로 남겨두려고 하였다.

그러나 **살아남기 위해 사라지려는 인간의 경향성**에 대한 통찰이 의미가 있는 것은 분명한 것 같다. 정신분석 회기 안에서 분석가와 피분석자 두 사람은 여러 가지 형태로 사라진다. 침묵 속으로 사라지며, 너무 많은 말과 해석을 통해 공모함으로써 진실로부터 사라지기도 한다. 망상 혹은 박해적 환상에 빠지거나 감정을 잃어버리는 방식으로 사라지기도 한다. 때론 회기에 지각하고, 약속을 망각하거나, 심지어는 분석 관계로부터 완전히 사라지기도 한다. 본 연구에서 살펴본 것처럼 에이미라는 한 사례의 **사라짐**에도 여러 가지의 의미들이 내포되어 있음을 알 수 있었다. 만일 분석 회기에서 여러 가지 형태로 사라지는 피분석자와 그것에 대해 의사소통 할 수 있다면 **사라짐**이라는 은유는 분석 상황을 진전시키는데 크게 도움이 될 것이다. 이에 연구자는 **사라짐**의 의미에 대한 임상 상황에서의 실증적인 검증을 위한 후속 연구를 제안한다.

주 석

1) Eigen, M. / 이준호 옮김,『무의식으로부터의 불꽃』, 한국심리치료연구소. 2009. 15쪽.
2) Gabbard, G.O. (1997). The Psychoanalyst At The Movies. Int. J. Psycho-Anal., 78:p429-434.
3) 이는 아동의 기질과 환경(양육자) 혹은 둘의 복합적 작용이 있을 수 있으나 본 논문에서는 환경의 영향에 좀 더 초점을 맞춘다.
4) Bion, W. R. (1957), "Differentiation of the Psychotic from the Non-Psychotic Personalities", *International Journal of Psycho-Anal.*, 38:266-275.
5) Freud, S. / 윤희기 옮김, "본능과 그 변화",『정신분석학의 근본 개념』, 열린책들, 2003, 107쪽.
6) Freud, S. / 윤희기 옮김, "정신적 기능의 두 가지 원칙",『정신분석학의 근본 개념』, 열린책들, 2003, 16쪽.
7) Freud, S. / 박찬부 옮김, "쾌락 원칙을 넘어서",『정신분석학의 근본 개념』, 열린책들, 2003, 283쪽.
8) 위의 책, 306쪽.
9) 프로이트는 원문에서 Trieb이라는 단어를 사용하여 이런 경향성을 소개한다. 이는 영어와 한국어로 옮겨오면서 본능(instinct)과 추동, 욕동(drive) 등으로 다양하게 소개되었는데, 본 논문에서는 그 의미를 가장 잘 함축하고 있다고 여겨지는 '욕동'으로 통합하여 사용하였다.
10) Klein, M. (1936), "Weaning", *Love, Guilt and Reparation & Other Works*, 1921-1945 (1977, A Delta Book), p290.
11) Segal, H. (1980), "Phantasy", *Introduction To the Work of Melanie Klein*, Basic Books, p12.
12) Freud, S. / 윤희기 옮김, "본능과 그 변화",『정신분석학의 근본 개념』, 열린책들, 2003, 93쪽.

13) Klein, M. (1936), "Weaning", *Love, Guilt and Reparation & Other Works*, 1921–1945, (1977, A Delta Book), p290.
14) Segal, H. (1980), "Phantasy", *Introduction To the Work of Melanie Klein*, Basic Books, p13.
15) Klein, M. (1930), "The Importance of Symbol–Formation in the Development of the Ego", *Love, Guilt and Reparation & Other Works, 1921–1945*, (1977, A Delta Book), p219–232.
16) 구강 가학성 이후에 빠르게 추가되는 항문 가학성에서 배설물들은 환상 안에서 위험한 무기로 변형된다: 오줌싸기(wetting)는 자르기, 찌르기, 태우기, 익사시키기로 간주되며, 똥은 무기 및 미사일과 동등시 된다. 시간이 지남에 따라 유아는 상징화를 통해 이런 공격성들을 자신이 할 수 있는 가장 세련되고 숨겨진 방식으로 대체하게 된다.
17) 위의 책, p220–221.
18) 위의 책, p221.
19) 위의 책, p223. 이에 대해서는 문헌 연구의 "2.'조숙한 자아 발달' 개념의 이해와 확장"에서 더 자세히 논의 한다.
20) Klein, M. (1946), "Notes on Some Schizoid Mechanisms", *Envy and Gratitude and Other Works,* (1984, Free Press), p19.
21) Segal, H. / 이재훈 옮김, "우울적 자리",『멜라니 클라인』, 한국심리치료연구소, 1999, 90쪽.
22) Hinshelwood, R. D. / 이재훈 옮김.『임상적 클라인』, 한국심리치료연구소, 2006, 121쪽.
23) Segal, H. / 이재훈 옮김, "우울적 자리",『멜라니 클라인』, 한국심리치료연구소, 1999, 91쪽.
24) Klein, M. (1930), "The Importance of Symbol–Formation in the Development of the Ego", *Love, Guilt and Reparation & Other Works*, 1921–1945, (1977, A Delta Book), p221.
25) Klein, M. (1930), "The Importance of Symbol–Formation in the Development of the Ego", *Love, Guilt and Reparation &*

Other Works, 1921-1945, (1977, A Delta Book), p222-223.
26) 위의 책, p223-224.
27) 위의 책, p227.
28) 위의 책, p225.
29) 위의 책, p224.
30) 딕은 현대의 관점에서 자폐 범주에 속하는 것으로 추정되고 있다.
31) 위의 책, p225-226.
32) 딕은 작은 남자인형을 들어올려 입 속으로 넣고 이를 갈면서 "테아 대디(Tea daddy)"라고 말했는데, 이는 "아빠를 먹는다(Eat daddy)"를 의미한다. 그리곤 딕은 물을 조금 달라고 부탁한다. 이는 아버지의 페니스를 소유하고 있는 어머니에 대한 동일시적 구강-가학성 혹은 아버지를 살해하고자 하는 오이디푸스적 시기심을 의미하며, 이후에 따라오는 결합된 부모(united parents)로부터의 보복에 대한 두려움을 내포하고 있다.
33) Spotnitz, H. / 이준호 옮김,『정신분열증 치료와 모던정신분석』, 한국심리치료연구소, 2016. 93쪽.
34) Mitrani, J.L. (2007). Some Technical Implications of Klein's Concept of 'Premature Ego Development'. *Int. J. Psycho-Anal.*, 88: p827-828.
35) 위의 논문, p829.
36) 위의 논문, p829-830.
37) Winnicott, D. W. / 이재훈 옮김. "초기 정서발달",『소아의학을 거쳐 정신분석학으로』, 한국심리치료연구소, 2011, 324쪽.
38) Winnicott, D. W. / 이재훈 옮김. "마인드와 심리-신체의 관계",『소아의학을 거쳐 정신분석학으로』, 한국심리치료연구소, 2011, 476쪽.
39) Winnicott, D. W. / 이재훈 옮김. "부모-유아 관계 이론",『성숙과정과 촉진적 환경』, 한국심리치료연구소, 2000, 74쪽.
40) Winnicott, D. W. / 이재훈 옮김. "마인드와 심리-신체의 관계",『소아의학을 거쳐 정신분석학으로』, 한국심리치료연구소, 2011, 477쪽.
41) Winnicott, D. W. / 이재훈 옮김. "부모-유아 관계 이론",『성숙과정과 촉진적 환경』, 한국심리치료연구소, 2000, 63쪽.

42) Winnicott, D. W. / 이재훈 옮김. "마인드와 심리-신체의 관계", 『소아의학을 거쳐 정신분석학으로』, 한국심리치료연구소, 2011, 478쪽.
43) 위의 책, 479쪽.
44) Winnicott, D. W. / 이재훈 옮김. "참자기와 거짓자기의 관점에서 본 자아 왜곡", 『성숙과정과 촉진적 환경』, 한국심리치료연구소, 2000, 214쪽.
45) 위의 책, 217쪽.
46) 이 부분에서는 나르시시즘과 이것의 한국어 번역어인 자기애를 동의어로 문맥에 맞게 혼용하였다.
47) 여기에 대하여서도 프로이트와 전-오이디푸스기의 대상인식을 상정하는 학자들과 이론적인 논쟁이 있으나 임상적으로 전-오이디푸스적인 병리를 가진 환자를 치료할 수 있는가 없는가와 그 시기에 관한 것이며, 사실상 프로이트도 유아기의 자아 형성과정으로 인도하는 동일시 과정에서 클라인과 같이 대상의 역할과 투사/내사 기제의 역할을 인식하고 있었던 것으로 추정해볼 수 있다.
48) Moore, B.E. (1975). Toward a Clarification of the Concept of Narcissism. *Psychoanal. St. Child,* 30: p243.
49) McDougall, J. (1978) "Narcissus in search of a reflection", *A Plea for a Measure of Abnormality*. New York: International Universities Press, p299-335.
50) Moore, B.E. (1975). Toward a Clarification of the Concept of Narcissism. *Psychoanal. St. Child*, p30:243.
51) Spotnitz, H. (1976), "The myth of narcissus", *Psychoanalysis of Preoedipal Conditions*. New York, Jason Aronson, p93-100.
52) Rosenfeld, H. (1971). A Clinical Approach to the Psychoanalytic Theory of the Life and Death Instints: An Investigation Into the Aggressive Aspects of Narcissism. *Int. J. Psycho-Anal.*, 52: p169.
53) Spotnitz, H. / 이준호 옮김, 『정신분열증 치료와 모던정신분석』, 한국심리치료연구소, 2016. 67쪽.

54) Raphling, D.L. (1998). The Narcissistic Basis of Aggression. *Psychoanal. Inq.*, 18:p100-106.

55) Parens, H. (1991). A View Of The Development Of Hostility In Early Life. *Journal of the American Psychoanalytic Association*, 39S: p75-108.

56) Sternbach, O. (1975). Aggression, the Death Drive and the Problem of Sadomasochism. A Reinterpretation of Freud's Second Drive Theory. *Int. J. Psycho-Anal.*, 56: p321-333.

57) Spotnitz, H. (1981). Aggression in the Therapy of Schizophrenia. *Modern Psychoanalysis,* 6: p139.

58) Margolis, B.D. (1987). Treatment and Transition: Observations on Modern Psychoanalysis. *Modern Psychoanalysis*, 12: p163-177.

59) Raphling, D.L. (1998). The Narcissistic Basis of Aggression. *Psychoanal. Inq.*, 18:p100-106.

60) Sternbach, O. (1975). Aggression, the Death Drive and the Problem of Sadomasochism. A Reinterpretation of Freud's Second Drive Theory. Int. *J. Psycho-Anal.*, 56: p321-333.

61) Freud, S. / 박찬부 옮김, "쾌락 원칙을 넘어서", 『정신분석학의 근본 개념』, 열린책들, 2003, 324-343쪽.

62) Flynn, G. / 강선재 옮김, 『나를 찾아줘』, 푸른숲, 2012, 63쪽.

63) 위의 책, 541쪽.

64) 위의 책, 638쪽.

65) 위의 책, 331쪽.

66) 위의 책, 9쪽.

67) 위의 책, 424쪽.

68) 위의 책, 444쪽.

69) 위의 책, 126쪽.

70) 위의 책, 446쪽.

71) 위의 책, 127쪽.

72) 위의 책, 254쪽.

73) 위의 책, 339쪽.

74) 위의 책, 339-341쪽.

75) Szejer, M. / 김유진 · 이재훈 옮김,『아기에게 말하기』, 한국심리치료연구소, 2015, 50-53쪽.

76) 슈제이는 산부인과 병동에서 이제 막 태어난 아기들 중 특별한 증상—울지 않거나, 지나치게 울거나, 소변을 누지 않거나, 먹지 않는 등—을 보이는 아기들에게 정신분석가가 성인에게 하는 것만큼이나 직접적인 말을 건냄으로써 아기들이 증상으로부터 자유로워지도록 도울 수 있다고 하였다. 즉, 이제 막 태어난 아기가 보이는 어떤 증상과 불안은 어머니의 뱃속에 있는 동안 어머니가 느꼈던, 그리고 그녀에게 미해결된 채로 남아있었던 고통스러운 정서가 아기에게 전달되었기 때문에 발생한다. 따라서 분석가는 아기의 증상과 관련하여 어머니가 갖고 있는 불안과 이 때문에 아기가 겪었을 고통에 대해 숙고하고 그것을 언어로 아기에게 돌려줌으로써 아기가 매여 있던 불안의 닻을 끊어줄 수 있게 된다.

77) 그러나 소설 속의 에이미는 감정적으로 격해지기는커녕 오히려 차분하고 냉철해지는 모습을 보이게 되고, 그 분노를 간직한 채 1년이라는 긴 시간동안 사건을 계획하는 모습을 보인다. 이것은 이미 에이미의 어린 시절부터 인격적으로 조직화된 것으로서, 좌절-공격성이 발생할 때 생겨나는 긴장을 지능을 통해 다루는 에이미의 방식이 드러나는 것인데, 이에 관하여는 이어지는 파트에서 더 자세히 다룬다.

78) 위의 책, 341쪽.

79) Freud, S. / 윤희기 옮김, "나르시시즘 서론",『정신분석학의 근본개념』, 열린책들, 2003, 69-70쪽.

80) Flynn, G. / 강선재 옮김,『나를 찾아줘』, 푸른숲, 2012, 44쪽.

81) 위의 책, 47쪽.

82) 위의 책, 45쪽.

83) Flynn, G. / 강선재 옮김,『나를 찾아줘』, 푸른숲, 2012, 305쪽.

84) Grotstein, J. / 이재훈 옮김.『흑암의 빛줄기』, 한국심리치료연구소, 2012, 227쪽에서 재인용.

85) Flynn, G. / 강선재 옮김,『나를 찾아줘』, 푸른숲, 2012, 162쪽.
86) 위의 책, 193쪽.
87) Grotstein, J. / 이재훈 외 옮김. 『그러나 동시에 또 다른 수준에서』, 한국심리치료연구소, 2015, 352쪽.
88) Parens, H. (1991). A View Of The Development Of Hostility In Early Life. Journal of the American Psychoanalytic Association, 39S: p75-108.
89) Freud, S. / 박찬부 옮김, "자아와 이드",『정신분석학의 근본 개념』, 열린책들, 2003, 398쪽.
90) Flynn, G. / 강선재 옮김,『나를 찾아줘』, 푸른숲, 2012, 537-538쪽.
91) 위의 책, 534쪽.
92) 위의 책, 537쪽.
93) 위의 책, 526쪽.
94) 위의 책, 528-529쪽.
95) 위의 책, 331쪽.
96) 위의 책, 556쪽.
97) Sternbach, O. (1975). Aggression, the Death Drive and the Problem of Sadomasochism. A Reinterpretation of Freud's Second Drive Theory. *Int. J. Psycho-Anal.*, 56: p321-333.
98) Winnicott, D. W. / 이재훈 옮김. "의사소통과 비의사소통 사이에 존재하는 역설에 대한 연구",『성숙과정과 촉진적 환경』, 한국심리치료연구소, 2000, 271쪽.
99) Sternbach, O. (1975). Aggression, the Death Drive and the Problem of Sadomasochism. A Reinterpretation of Freud's Second Drive Theory. *Int. J. Psycho-Anal.*, 56: p321-333.
100) Flynn, G. / 강선재 옮김,『나를 찾아줘』, 푸른숲, 2012, 63쪽.
101) 위의 책, 70쪽.
102) 위의 책, 93-95쪽.
103) 위의 책, 203쪽.
104) 위의 책, 303쪽.
105) 위의 책, 549쪽.
106) 위의 책, 379쪽.

107) 위의 책, 43쪽.

108) 이 경험은 유아 또는 어린 아동이 고요한 어머니의 현존으로 인해 함께 있으면서 동시에 홀로 있을 수 있게 됨에 따라 자발성에 대한 신뢰를 갖게 될 수 있는 능력이다. 이것이 잘 발달한 경우 아동은 자아 관계성을 발달시킬 수 있게 되며, 이에 따라 진정한 '나'로서 외부 대상과 관계를 맺고, 외부의 간섭과 침범에도 '나 됨(me-ness)'을 잃지 않을 수 있는 핵심 자기(core self)를 가질 수 있다.

109) Winnicott, D. W. / 이재훈 옮김. "의사소통과 비의사소통 사이에 존재하는 역설에 대한 연구",『성숙과정과 촉진적 환경』, 한국심리치료연구소, 2000, 280쪽.

110) Winnicott, D. W. / 이재훈 외 옮김. "반사회적 경향성",『박탈과 비행』, 한국심리치료연구소, 2001. 78쪽.

111) Flynn, G. / 강선재 옮김,『나를 찾아줘』, 푸른숲, 2012, 344-345쪽.

112) 위의 책, 347쪽.

113) Spotnitz, H. / 이준호 옮김,『정신분열증 치료와 모던정신분석』, 한국심리치료연구소, 2016. 67쪽.

114) 류시화,『새는 날아가면서 뒤돌아보지 않는다』, 더숲, 2017, 12쪽.

115) Winnicott, D. W. / 이재훈 옮김. "정서발달에 관련된 공격성",『소아의학을 거쳐 정신분석학으로』, 한국심리치료연구소, 2011, 411쪽.

116) Winnicott, D. W. / 이재훈 옮김. "역전이에서의 증오",『소아의학을 거쳐 정신분석학으로』, 한국심리치료연구소, 2011, 408쪽.

117) Stern, D.N. (1985). The Interpersonal World of the Infant: *A View from Psychoanalysis and Developmental Psychology*. New York: Basic Books.

118) Winnicott, D. W. / 이재훈 옮김. "의사소통과 비의사소통 사이에 존재하는 역설에 대한 연구",『성숙과정과 촉진적 환경』, 한국심리치료연구소, 2000, 272-274쪽.

119) 위의 책, 273쪽.

120) Mahler, M. S. 외 / 이재훈 옮김.『유아의 심리적 탄생: 공생과 개별화』, 한국심리치료연구소, 1997.

121) 말러에 따르면, 정상발달에서 유아는 어머니와 완전히 밀착되어 있

는 공생적 단계로부터 점차 어머니를 심리적 베이스 캠프로 삼아 세상에 대한 탐색을 시작하는 연습기와 재접근기를 지나 정체성을 통합하고 정서적인 대상항상성을 갖게 되는 분리-개별화 과정을 거친다. 맥윌리엄스(Nancy Mc- Williams)는 이를 개인에 대한 정신분석적 진단에 적용하여, 성격의 발달적 차원에서 정신병 수준의 개인을 공생 단계에 고착된 것으로, 경계선 수준의 개인을 연습기 및 재접근기에 고착된 것으로, 그리고 신경증 및 건강한 수준에 있는 개인을 대상 항상성과 통합 단계에서 어떤 좌절이 있었던 것으로 보기도 하였다(McWilliams. N, 1994).

122) Mitrani, J.L. (2007). Some Technical Implications of Klein's Concept of 'Premature Ego Development'. *Int. J. Psycho-Anal.*, 88: p838-840.

참고문헌

류시화 (2017), 『새는 날아가면서 뒤돌아보지 않는다』, 더숲.

Bion, W. R. (1957), "Differentiation of the Psychotic from the Non- Psychotic Personalities", *International Journal of Psycho-Anal.*, 38:266-275.

Eigen, M. / 이준호 옮김 (2009), 『무의식으로부터의 불꽃』, 한국심리치료연구소.

Flynn, G. (2012), Gone Girl, Crown Books, 강선재 옮김 (2013), 『나를 찾아줘』, 푸른숲.

Freud, S. (1914), "나르시시즘 서론", 『정신분석학의 근본 개념』, 윤희기 옮김 (2003), 열린책들.

Freud, S. (1915), "본능과 그 변화", 『정신분석학의 근본 개념』, 윤희기 옮김 (2003), 열린책들.

Freud, S. (1923), "자아와 이드", 『정신분석학의 근본 개념』, 박찬부 옮김 (2003), 열린책들.

Freud, S. (1911), "정신적 기능의 두 가지 원칙", 『정신분석학의 근본 개념』, 윤희기 옮김 (2003), 열린책들.

Freud, S. (1920), "쾌락 원칙을 넘어서", 『정신분석학의 근본 개념』, 박찬부 옮김 (2003), 열린책들.

Gabbard, G. O. (1997), The Psychoanalyst At The Movies. *Int. J. Psycho-Anal.*, 78:429-434.

Grotstein, J. (2007), *A Beam of Intense Darkness*, Karnac Books, 이재훈 옮김 (2012). 『흑암의 빛줄기』, 한국심리치료연구소.

Grotstein, J. (2009), *But at the Same Time and on Another Level*, Karnac Books, 이재훈 외 옮김 (2015), 『그러나 동시에 또 다른 수준에서』, 한국심리치료연구소.

Hinshelwood, R. D. (1994), *Clinical Klein: from theory to practice*, 『임상적 클라인: 이론과 실제』, 이재훈 옮김 (2006), 한국심리치료연구소.

Klein, M. (1946), "Notes on Some Schizoid Mechanisms", *Envy and Gratitude and Other Works,* (1984, Free Press).

Klein, M. (1930), "The Importance of Symbol-Formation in the Development of the Ego", *Love, Guilt and Reparation & Other Works*, 1921-1945, (1977, A Delta Book).

Klein, M. (1936), "Weaning", *Love, Guilt and Reparation & Other Works*, 1921-1945, (1977, A Delta Book).

Mahler, M. S. (1975). *The Psychological Birth of The Human Infant: Symbiosis and Individuation,* Basic Books, 이재훈 옮김 (1997), 『유아의 심리적 탄생: 공생과 개별화』, 한국심리치료연구소.

Margolis, B. D. (1987). Treatment and Transition: Observations on Modern Psychoanalysis. *Modern Psychoanalysis*, 12:163-177.

McDougall, J. (1978), "Narcissus in search of a reflection", *A Plea for a Measure of Abnormality*, New York: International Universities Press.

Mcwilliams, N. (1994), *Psychoanalytic Diagnosis: Understanding Personality Structure in the Clinical Process,* The Guilford Press, 정남운 · 이기련 공역 (2008), 『정신분석적 진단: 성격 구조의 이해』, 학지사.

Mitrani, J. L. (2007), Some Technical Implications of Klein's Concept of 'Premature Ego Development'. *Int. J. Psycho-Anal.*, 88:825- 842.

Moore, B. E. (1975), Toward a Clarification of the Concept of Narcissism. *Psychoanal. St. Child*, 30:243-276.

Parens, H. (1991). A View Of The Development Of Hostility In Early Life. *Journal of the American Psychoanalytic Association,* 39S:75-108.

Rosenfeld, H. (1971). A Clinical Approach to the Psychoanalytic Theory of the Life and Death Instincts: An Investigation Into the Aggressive Aspects of Narcissism. *Int. J. Psycho-Anal.*, 52:169-178

Raphling, D. L. (1998). The Narcissistic Basis of Aggression. Psychoanal. Inq., 18:100-106.

Segal, H. (1980), "Phantasy", Introduction To the Work of Melanie Klein, Basic Books.

Segal, H. (1980), *Melanie Klein,* The Viking Press, 이재훈 옮김 (1999), 『멜라니 클라인』, 한국심리치료연구소.

Stern, D. N. (1985). *The Interpersonal World of the Infant*: A View from Psychoanalysis and Developmental Psychology. New York: Basic Books.

Spotnitz, H. (2004), *Modern Psychoanalysis of the Schizophrenic Patient: Theory of the Technique,* YBK Publishers, 이준호 옮김 (2016), 『정신분열증 치료와 모던정신분석』, 한국심리치료연구소.

Spotnitz, H. (1976), "The myth of narcissus". *Psychoanalysis of Preoedipal Conditions*. New York, Jason Aronson, 93-100.

Spotnitz, H. (1981). Aggression in the Therapy of Schizo-

phrenia. *Modern Psychoanalysis,* 6:131-140.
Sternbach, O. (1975). Aggression, the Death Drive and the Problem of Sadomasochism. A Reinterpretation of Freud's Second Drive Theory. *Int. J. Psycho-Anal.*, 56:321-333.
Szejer, M. (1997), Des mots pour naître, Gallimard, 김유진 · 이재훈 옮김 (2015), 『아기에게 말하기』, 한국심리치료연구소.
Winnicott, D. W. (1945) "초기 정서발달", 『소아의학을 거쳐 정신분석학으로』, 이재훈 옮김 (2011), 한국심리치료연구소.
Winnicott, D. W. (1947), "역전이에서의 증오", 『소아의학을 거쳐 정신분석학으로』, 이재훈 옮김 (2011), 한국심리치료연구소.
Winnicott, D. W. (1949), "마인드와 심리-신체의 관계", 『소아의학을 거쳐 정신분석학으로』, 이재훈 옮김 (2011), 한국심리치료연구소.
Winnicott, D. W. (1950), "정서발달에 관련된 공격성", 『소아의학을 거쳐 정신분석학으로』, 이재훈 옮김 (2011), 한국심리치료연구소.
Winnicott, D. W. (1956), "반사회적 경향성", 『박탈과 비행』, 이재훈, 박경애, 고승자 옮김 (2001), 한국심리치료연구소.
Winnicott, D. W. (1960), "부모-유아 관계 이론", 『성숙과정과 촉진적 환경』, 이재훈 옮김 (2000), 한국심리치료연구소.
Winnicott, D. W. (1960), "참자기와 거짓자기의 관점에서 본 자아 왜곡", 『성숙과정과 촉진적 환경』, 이재훈 옮김 (2000), 한국심리치료연구소.

Winnicott, D. W. (1963), “의사소통과 비의사소통 사이에 존재하는 역설에 대한 연구”,『성숙과정과 촉진적 환경』, 이재훈 옮김 (2000), 한국심리치료연구소.

정신분석 아카데미 시리즈 8

사라짐의 의미

소설 『나를 찾아줘』: 에이미를 찾아 떠난 정신분석 여행

발행일 2018년 5월 10일

지은이 김명훈
펴낸이 이재훈
펴낸곳 한국심리치료연구소

주소 서울시 종로구 새문안로5가길 28,
(적선동, 광화문플래티넘) 918호
전화 02) 730-2537~8
팩스 02) 730-2539
홈페이지 www.kicp.co.kr
E-mail kicp21@naver.com
등록 제22-1005호(1996년 5월 13일)

정가 7,500원

ISBN 978-89-97465-38-5
이 도서의 국립중앙도서관 출판시도서목록(cip)은 홈페이지
(http://www.nl.go.kr/cip.php)에서 이용하실 수 있습니다.
(제어번호: 93180)